Dorothee Fleischmann und Carolina Kalvelage

111 Orte in Budapest, die man gesehen haben muss

emons:

Wir danken unseren Budapester Freunden Teréz, Kálmán und Dániel.

Bibliografische Information der Deutschen Nationalbibliothek
Die Deutsche Nationalbibliothek verzeichnet diese Publikation in der Deutschen Nationalbibliografie; detaillierte bibliografische Daten sind im Internet über http://dnb.d-nb.de abrufbar.

© Emons Verlag GmbH
Alle Rechte vorbehalten
© der Fotografien: Dorothee Fleischmann und Carolina Kalvelage; Kap. 26: Dániel Szabó
© Covermotiv: shutterstock.com/Insanet
Layout: Eva Kraskes, nach einem Konzept
von Lübbeke | Naumann | Thoben
Kartografie: altancicek.design, www.altancicek.de
Kartenbasisinformationen aus Openstreetmap,
© OpenStreetMap-Mitwirkende, ODbL
Druck und Bindung: CPI – Clausen & Bosse, Leck
Printed in Germany 2020
Erstausgabe 2015
ISBN 978-3-7408-0877-8
Aktualisierte Neuauflage Februar 2020

Unser Newsletter informiert Sie
regelmäßig über Neues von emons:
Kostenlos bestellen unter
www.emons-verlag.de

Vorwort

Wohl nahezu jeder, der diese schöne Stadt an der mächtigen Donau das erste Mal besucht, empfindet es so: Sie hat etwas Geheimnisvolles und lädt geradezu ein, sich auf die Suche nach besonderen Orten zu begeben. Budapest liegt in der Mitte Europas, erscheint aber doch sehr »anders«. Sicher trägt auch die für uns ungewöhnliche ungarische Sprache dazu bei. In der Stadt werden alte Traditionen gepflegt.

Oft wirkt es etwas altmodisch hier: mächtige Jugendstil-Paläste aus der Zeit der Jahrhundertwende – mit einer einzigartigen Vielfalt an kunstvollen Fassaden, den für die hiesige Architektur typischen Innenhöfen, Dachverzierungen, Empfangsportalen –, viele kleine und große Plätze mit unterschiedlichsten Funktionen und Charakteren. Dazu eine abwechslungsreiche Palette von traditionellen Kaffeehäusern und Gaststätten. Und dann wieder stößt man auf modernste Architektur, kleine neue und spezielle Geschäfte, die vergleichbaren Designshops in anderen Metropolen in nichts nachstehen. Besonders im alten jüdischen Viertel brummt das junge Leben, öffnet ein Restaurant oder Club nach dem anderen, gibt es im Sommer Graffiti-Aktionen und Straßenmusik, zu der spontan getanzt wird.

Das Besondere der Stadt beginnt bei ihrer Topografie, die geprägt wird vom breiten Strom der Donau. Am flachen Pester Ufer reihen sich prächtige Bauten aus Zeiten der österreichisch-ungarischen Monarchie aneinander, wie etwa das berühmte Ballhaus Vigadó oder die große Markthalle mit ihrer markanten Stahlkonstruktion. Buda dagegen ist hügelig. Auf dem Burgberg gibt es mittelalterliche Gassen, versteckt liegende Treppen, von denen aus sich immer wieder tolle Blicke bieten, führen wieder hinunter. Und dann die beeindruckenden Brücken und Inseln, auf denen man die Stadt aus anderer Perspektive betrachten oder sich einfach nur erholen kann.

Budapest bietet auf Schritt und Tritt interessante Ansichten und Eindrücke. Machen Sie sich auf den Weg und entdecken Sie vielleicht ganz neue Orte in einer der schönsten Städte Europas!

111 Orte

1. Das 56er-Denkmal
   Erinnerung an den Volksaufstand von 1956 | 10
2. Die Anker köz
   Ausgefallene Straßenführung | 12
3. Der Aussichtspunkt
   Wo man sich fast wie in einer Stadt am Meer fühlt | 14
4. Die Bajcsy-Zsilinszky út
   Wie ein Spielzeug | 16
5. Die Bauhaus-Relikte
   Architektonisch aufregende Entdeckungen | 18
6. Das Bedö-Haus
   Wie ein Antiquitätenladen | 20
7. Das Béla-Bartók-Museum
   Stille Zuflucht am Rande der Großstadt | 22
8. Der Blechspielzeugladen
   Ein Kaleidoskop nostalgischer Spielwaren | 24
9. Das »Brody House«
   Ein besonders schönes Hotel | 26
10. Die Bronze-Jungen
    Ein Klassiker der Jugendliteratur | 28
11. Die Buchhandlung
    Lesen! Nicht nur als Zeitvertreib | 30
12. Die Buchwaldstühle
    Unterwegs auf Budapests alter Flaniermeile | 32
13. Im Budapester Supermarkt
    Ungarischer Snack aus dem Kühlregal | 34
14. Die Buslinie 16
    Alternative Stadtrundfahrt auf den Burgberg | 36
15. Das Café Dunapark
    Kaffeeklatsch mit Blick auf die Donau | 38
16. Das Capa-Center
    Ein leuchtendes Geheimnis | 40
17. Die Dachbar 360 Grad
    Dem Himmel so nah | 42
18. Die Devotionalien-Gasse
    Eine besondere Passage | 44

19   Der Eiffel-Palast
        Wie schön Eisen aussehen kann | 46
20   Der Eisladen
        Kühle Erfrischung an warmen Tagen | 48
21   Das Építészpince Étterem
        Aus dem Dornröschenschlaf erweckt | 50
22   Die Falk Miksa utca
        Jede Menge Antikes in nur einer Straße | 52
23   Die Felsenhöhle
        Bewegte Vergangenheit | 54
24   Der Fuit-Stein
        Es war einmal ein Rechtsanwalt, der wünschte sich … | 56
25   Die Gedenktafel
        … ein Lied geht um die Welt | 58
26   Das Geologische Institut
        Das blaueste Dach der Stadt | 60
27   Das Gerlóczy
        C'est la vie | 62
28   Das Glashaus
        Erinnerung an einen »Gerechten unter den Völkern« | 64
29   Das Gourmet-Haus
        Kuchen und Porzellan | 66
30   Die Gozsdu-Höfe
        Ein besonderer Gebäudekomplex im Wandel | 68
31   Das Grab der Revolutionäre
        Nationales Gedächtnis im Wandel der Zeit | 70
32   Das Gül-Baba-Mausoleum
        Der Vater der Rosen | 72
33   Hajógyári Sziget
        Von der Werftinsel zur Friedensinsel | 74
34   Das Hajós-Alfréd-Bad
        Schwimmen auf den Bahnen ungarischer Champions | 76
35   Der Handarbeitsstand
        Einzigartiges Mitbringsel | 78
36   Das Hilda
        Food and mood | 80
37   Der Hunyadi tér
        Ein Platz für seine Anwohner | 82
38   Das Imre-Varga-Museum
        Besuch bei einem berühmten ungarischen Bildhauer | 84

39   Das Innenhof-Juwel
Buntes Leben im Verborgenen | 86

40   Der József Nádor tér
Hier bittet ungarisches Porzellan um Aufmerksamkeit | 88

41   Das Kádár étkezde
Hausmannskost in einem authentischen Mittagslokal | 90

42   Der Károlyi kert
Eine Oase der Ruhe | 92

43   Die Kindereisenbahn
Ein besonders großes Spielzeug | 94

44   Das Kiscelli Múzeum
Ein lohnender Aufstieg | 96

45   Der Kodály köröND
Ein prächtiger Platz mit Kastanien und Platanen | 98

46   Kőleves
Gartenlokal im Shabby-Chic-Stil | 100

47   Der königliche Wartesaal
Eine geheimnisvolle Tür im Westbahnhof | 102

48   Die Kugeln am Ministerium
Erinnerung an den »blutigen Donnerstag« | 104

49   Der Kunstgewerbeladen
Folklore aus Budapest | 106

50   Das Lángoshäuschen
Eine ideale Zwischenmahlzeit am Stadtwald | 108

51   Das Licht für Batthyány
Erinnerung an einen Kämpfer für die Freiheit | 110

52   Das Lindenbaum-Haus
Symbolträchtige Fassade | 112

53   Das Literaturmuseum
Sprudelnde Idee | 114

54   Das Lukács-Bad
Rührende Votivtafeln im Innenhof | 116

55   Das Mai-Manó-Haus
Das beste Atelier in der Stadt | 118

56   Der Mátyás tér
Bunte Vielfalt | 120

57   Das Mazel Tov
Viel Erfolg! | 122

58   McDonald's im Spiegelsaal
Fast Food mit Ambiente | 124

59 — Memories of Hungary
Zu Ehren eines ungarischen Idols | 126

60 — Das Mihály-Károlyi-Denkmal
Heutiger Umgang mit ungarischer Geschichte | 128

61 — Der Millenáris-Park
Erholung zwischen Fabrikgebäuden | 230

62 — Die Modehalle
Das schönste Café der Stadt | 132

63 — Molnár's Kürtöskalács
Eine süße Verführung | 134

64 — Mono Art & Design
Spaziergang durch das kreative Budapest | 136

65 — Das Monument der Zeit
Eine Riesensanduhr mit politischer Botschaft? | 138

66 — Das Művész Kávéház
Dobos-Torte und andere süße Sachen | 140

67 — Nemzeti Dohánybolt
Zigaretten und Alkohol an der Károly körút | 142

68 — Die Neobarock-Bibliothek
Unglaublich beruhigende Stimmung | 144

69 — Das Nobelpreisträger-Gymnasium
Eine Schule, die schlau macht | 146

70 — Der ÖPNV auf der Donau
Prächtige Architektur aus anderer Perspektive | 148

71 — Der Pántlika Pavillon
Retro-Location | 150

72 — Die Párizsi Udvar
Glanz vergangener Zeiten in prachtvoller Passage | 152

73 — Ein Platz an der Donau
Am Wasser bei den Möwen ... | 154

74 — Das Postmuseum
Die gute alte Zeit | 156

75 — Auf der Pozsonyi út
Andenken an vergangene Tage | 158

76 — Das Prinz-Eugen-Denkmal
Warum der Prinz einen so schönen Blick genießen darf | 160

77 — Das Rigó Jancsi
Ein Hort des ungarischen Salzgebäcks | 162

78 — Der Romani-Design-Showroom
Bunte Mode für gegenseitiges Verständnis | 164

79   Die romantische Treppe
Stufenweise auf den Burgberg | 166

80   Der Röser Bazar
Klein, aber fein | 168

81   Die Sándor-Márai-Büste
Bescheidenes Andenken an einen großen Literaten | 170

82   Das Schmidl-Mausoleum
Zeugnis nationalen Selbstbewusstseins | 172

83   Die Schuhe an der Donau
Stille Verzweiflung | 174

84   Der Schuhladen
Echte Budapester nach Maß von Herrn Vass | 176

85   Die Schule von Béla Lajta
Wo weise Eulen den Eingang bewachen | 178

86   Das Semmelweis-Museum
Retter der Mütter | 180

87   Der »singende Brunnen«
Wassermusik auf der Margareteninsel | 182

88   Die Sipeki-Villa
Ungarische Volkskunst an der Fassade | 184

89   Die Skulptur Donauwind
Von der Sehnsucht am großen Strom | 186

90   Der Strudelstand
Süß und sauer, herzhaft und köstlich | 188

91   Der Szabadság tér
Ein wunderschöner Platz mit viel Symbolik | 190

92   Der Szent Gellért tér
Futuristisches Design in der neuen Metrolinie | 192

93   Der Szent-István-Park
Spaziergang mit Aussicht | 194

94   Szimpla's Market
Sonntagseinkauf in der Ruinenbar | 196

95   Das Terminal
Rund um den Erzsébet tér | 198

96   Der Tisza-Laden
Eine alte ungarische Marke zu neuem Leben erweckt | 200

97   Das Uránia-Kino
Tausendundeine Nacht | 202

98   Das Vasarely-Museum
Op-Art in Óbuda | 204

99 — Das Vigadó
Das einst größte Ballhaus der Stadt | 206

100 — Die Villa Bagatelle
Ehrenwertes Haus | 208

101 — Die Villenkolonie
Bauhaus pur | 210

102 — Die Vintage-Galéria
Eine kleine, feine Fotogalerie | 212

103 — Der Wal an der Donau
Behäbig und entspannt | 214

104 — Das Walkó-Haus
Eine Fassade mit Pflanzen und Tieren | 216

105 — Die Wallenberg-Statue
Der Menschenretter | 218

106 — Der WAMP-Markt
Design für alle | 220

107 — Das Wandbild
Graffiti können eine Stadt verschönern! | 222

108 — Die weiße Halle
Strahlender geht es kaum | 224

109 — Die Wekerle-Siedlung
Eine Gartenstadt mit dörflichem Charakter | 226

110 — Das Wohnhaus
… eines berühmten Glasmalers | 228

111 — Das Zwack-Museum
Eine Familiengeschichte | 230

1 Das 56er-Denkmal
Erinnerung an den Volksaufstand von 1956

Groß, mächtig und glänzend steht es am Ende des Városligeti fasor am Anfang des Stadtwäldchens: das 56er-Denkmal oder, auf Ungarisch, 56-os emlékmű. Es hat die Form eines Keiles und besteht aus 2.006 Metallsäulen. Die rostigen Eisenträger werden immer höher, glänzender und stärker. Sie symbolisieren die Kraft des ungarischen Volkes, das sich im Jahr 1956 gegen die kommunistische Herrschaft auflehnte. »Vaskefe« wird das Denkmal von den Budapestern genannt – »Eisenbürste«. Es steht am ehemaligen Aufmarschplatz, genau dort, wo sich früher eine gigantische Stalin-Statue befand, die 1956 von der aufgebrachten Masse gestürzt wurde. Diese robuste Eisenbürste wird nicht so leicht zu zerstören sein.

Das Jahr 1956 zählt zu den wichtigsten Ereignissen in der Geschichte Ungarns. Das Volk wehrte sich unter der Führung der Koalitionsregierung und des zu den Aufständischen gewechselten Kommunisten Imre Nagy gegen das stalinistische Regime und gegen die sowjetische Besatzung im Land. Die Revolution begann mit einer friedlichen Demonstration von Studenten, die demokratische Veränderungen forderten. Sie gipfelte im Aufstand, der von sowjetischen Truppen brutal niedergeschlagen wurde. Hunderte der Revolutionäre starben in den Massakern, wurden verurteilt und hingerichtet. Tausende Menschen erhielten Gefängnisstrafen, und an die 200.000 Ungarn flohen aus ihrem Heimatland.

Das 56er-Denkmal wurde anlässlich des 50. Jahrestages am 23. Oktober 2006 aufgestellt und ist das erste, das diesem Ereignis gewidmet ist. Entworfen und umgesetzt wurde es von den drei jungen ungarischen Architekten und Künstlern Tamas Emödi-Kiss, Tamas Papp und Katalin György. Sie überschritten zwar das veranschlagte Budget um ein Vielfaches (250 Millionen Forint waren veranschlagt, 1,8 Milliarden Forint soll es am Ende gekostet haben), aber es ist sehenswert.

Adresse 56-os emlékmü, Városliget (Stadtpark), XIV. Bezirk, 1146 Budapest | **ÖPNV** 70, 75 und 79 bis Dvořák sétány oder Bus 30, 30 A, 230 bis Damjanich utca/Dózsa György út oder bis Benczúr utca; | **Anfahrt** M1 bis Bajza utca, dann Richtung Stadtpark über die Benczúr út und Andrássy út; | **Tipp** In eine andere Zeit versetzt der im Stadtwäldchen beheimatete Zirkus, den es bereits seit über 100 Jahren gibt und der hier seinen eigenen festen Wohnsitz hat: Fövárosi Nagycirkusz (www.fnc.hu).

2 Die Anker köz
Ausgefallene Straßenführung

Bei der Anker köz (Anker-Gasse) handelt es sich um eine außergewöhnliche Straße, die ihren Namen der hier früher ansässigen Anker-Bank verdankt. Sie ist eine halbrunde, kurze Gasse, die nur wenige Meter vom verkehrsreichen Knotenpunkt Deák Ferenc tér direkt in der Innenstadt liegt. Auffallend ist die Form der kleinen Straße, in der sich im Halbrund die mehrstöckigen Gebäude wie auf einer Schnur aufgezogen aneinanderreihen.

Heute liegen in der Anker köz ein modernes und besonders von jungen Leuten gern besuchtes Lokal und einige Geschäfte. In einer an die 400 Quadratmeter großen Halle, den ehemaligen Räumen der Bankfiliale, befindet sich heute das »BrewDog«. Diese aus Schottland stammende Crafts-Beer-Institution hat heute an zahlreichen Orten der Welt mehr als 85 Filialen. Das Lokal ist mit viel Holz, Metall und Ledersitzen eingerichtet. Auf einem Vintage-Schild sind unzählige Biersorten aufgelistet. Aus ihnen kann man von morgens bis in die Nacht hinein auswählen und dazu Burger, Hot-Dogs oder Salat essen.

In dem Lokal herrscht eine entspannte Atmosphäre, längst ist es ein beliebter Treffpunkt der jungen Leute geworden, die am Abend auch gern mit ihren Getränken vor den großen Fenstern des Gebäudes sitzen; Soho lässt grüßen. Das BrewDog belebt die Straße viele Stunden des Tages und am Wochenende ist bis um 2 Uhr morgens geöffnet.

Sehenswert ist in der kleinen Straße des Weiteren ein Vintage-Geschäft namens Retrock. Es behauptet seinen Standort hier nun schon seit einigen Jahren. Die Schaufenster sind bunt dekoriert, und es gibt über zwei Etagen verteilt, wie es der schon Name sagt, eine große Auswahl an Secondhandmode, ausgefallenen Schmuckstücken und auch Accessoires von ungarischen Designern. Am Ende der kurzen Gasse liegt auf der rechten Seite ein Buchladen, in dem es auch englische Literatur zu kaufen gibt.

Adresse Anker-Club, Anker köz 1–3, VI. Bezirk, 1062 Budapest, Tel. +36/70/6210741, www.ankerklub.hu; Retrock, Anker köz 2, www.retrock.com | **ÖPNV** Metro 1, 2 und 3 bis Deák Ferenc tér | **Öffnungszeiten** BrewDog So–Di 10.30–24 Uhr, Mi und Do 10.30–1 Uhr, Fr und Sa 10.30–2 Uhr | **Tipp** Nicht weit entfernt (schräg gegenüber der Anker köz und Deák Ferenc tér) befindet sich auf dem Erzsébet tér das Lokal »Akvarium«. Dort sitzt man unter Wasser beziehungsweise Glasdach.

3__ Der Aussichtspunkt
Wo man sich fast wie in einer Stadt am Meer fühlt

Ist man am Ende der Kettenbrücke in Buda angelangt und geht die Treppen rechter Hand zur Donau hinunter, eröffnen sich besonders schöne Blicke auf Pest und die Häuserreihe, die von der Akademie der Wissenschaften bis hin zum Parlamentsgebäude verläuft. Das riesige Bauwerk hat von diesem Blickwinkel aus nicht die Dominanz wie sonst. Und auch wenn nicht jedes der Nachbarhäuser eine architektonische Besonderheit ist, wirken sie von hier aus hell und elegant. Die Donau ist an dieser Stelle schon mächtig breit, und von hier aus kann beinahe der Eindruck entstehen, man blicke auf eine Stadt am Meer. Das ist auch so etwas Tolles in der ungarischen Metropole: dass der Fluss mit seinen schönen Brücken diese mächtige Bedeutung im Stadtbild hat. Die Donau durchfließt Budapest von Norden nach Süden. Am schmalsten ist sie mit 283 Metern in etwa auf Höhe des Gellértberges, ihre Tiefe beträgt dort circa neun Meter.

Die Kettenbrücke war übrigens zu Zeiten ihrer Erbauung eine technische Sensation. Sie spannt sich 375 Meter über den Fluss. Das war in der Mitte des 19. Jahrhunderts eine architektonische Meisterleistung.

Bei Hochwasser kommt es schon mal vor, dass die stark befahrenen Uferstraßen unter dem übertretenden Fluss verschwinden, nur die Verkehrsschilder ragen dann noch heraus. Auch die berühmte Sightseeing-Straßenbahnlinie 2 verkehrt dann nicht.

Wenn man hier steht, die Kettenbrücke zur rechten Seite und den Blick nach gegenüber unter anderem auf die Akademie der Wissenschaften gerichtet, kommt einem vielleicht der Name Graf Istvan Széchenyi in den Sinn. Denn bei beiden Bauwerken war er die treibende Kraft. Er holte einen englischen Ingenieur und den Schotten Adam Clark nach Budapest, der die Bauleitung für die Kettenbrücke übernahm. Seine Landsleute gaben Széchenyi, der viele andere Projekte für diese Stadt anstieß, den Beinamen »der größte Ungar«.

Adresse Budaer Seite der Kettenbrücke am Sztehlo Gábor rakpart, I. Bezirk, 1011 Budapest | **ÖPNV** Bus 16 oder Straßenbahn 18 oder 19 bis Clark Adam tér oder von Pest aus zu Fuß über die Brücke | **Tipp** Der Donaubrunnen auf dem Elisabethplatz (Erzsébet tér) ist sehr schön. Toll ist auch eine ganztägige Ausflugsfahrt mit dem Schiff bis zum Donauknie in Visegrád. Zum Beispiel täglich 10 Uhr ab Vigadó tér (www.mahartpassnave.hu/en).

4 Die Bajcsy-Zsilinszky út
Wie ein Spielzeug

Die Haltestelle Bajcsy-Zsilinszky ist nur ein Beispiel für die hübschen Stationen der Alten Metro in Budapest. Ende des 19. Jahrhunderts war entlang der Andrássy eigentlich eine Straßenbahnlinie geplant. Doch die Pläne wurden verworfen, und stattdessen entstand die erste Metro des europäischen Festlandes. »Schuld« daran war die Firma Siemens & Halske aus Berlin, die der Stadt zur Millenniumsfeier 1896 den Bau einer U-Bahn anbot. Sie überzeugte damit, dass auch für Berlin schon eine Untergrundbahn in Planung sei und Budapest mit dem Bau der ersten Metro neue Maßstäbe setzen würde. Die Entwürfe sahen hübsche Pavillons an den Ein- und Ausgängen vor, die die Andrássy zusätzlich schmücken sollten. Tatsächlich entstand die 3,68 Kilometer lange Strecke in weniger als zwei Jahren, und rechtzeitig zur 1.000-Jahr-Feier fuhren die ersten Besucher mit der Metro 1 vom Heldenplatz zum heutigen Vörösmarty-Platz.

Was anfangs als echte Touristenattraktion galt, wurde zu einem Beförderungsmittel, das sich schnell in der Stadt etablierte. Die Linie wird als »Millenniumsbahn« oder »Deutsche Elektrische Untergrundbahn Franz Joseph« (Ferencz József Földalatti Villamos Vasút) bezeichnet, denn dieser war damals Kaiser von Österreich und König von Ungarn und kam zur Einweihung. Zum Dank erhielt er ein Album mit U-Bahn-Ansichten und die Metro seinen Namen.

Heute erinnert die Linie an eine Spielzeugbahn, weil die Inneneinrichtung altmodisch und aus Holz ist, die Haltegriffe noch aus Leder und die Haltestellen so besonders sind. Auffallend sind die alten Schilder und Kacheln, die Wärterhäuschen, schmiedeeisernen Pfeiler, die Treppenauf- und abgänge. Die Metrolinie 1 fährt zu einer Reihe von Sehenswürdigkeiten und zum Stadtwäldchen – und nicht nur Bajcsy-Zsilinszky út, die ihren Namen nach dem Zweiten Weltkrieg von dem gleichnamigen Widerstandskämpfer erhielt, ist sehenswert.

Adresse Die alte Linie Metro 1 verläuft von Vörösmarty tér bis Mexikói út (weitere Stationen: Deák Ferenc tér, Bajcsy-Zsilinszky út, Oper, Oktogon, Vörösmarty utca, Kodály körönd, Bajza utca, Hösök tere und Széchenyi fürdó). | **Tipp** Seit 1975 gibt es ein Millenium-U-Bahn-Museum (Földalatti Vasúti Múzeum) mit Wagen, Karten, Bildern und anderen Zeitdokumenten. Dazu gehört auch ein Tunnelabschnitt, in dem des Besuches von Franz Joseph gedacht wird (Unterführung Deák tér; Di – So 10 – 17 Uhr geöffnet).

5 Die Bauhaus-Relikte
Architektonisch aufregende Entdeckungen

Die Margit körút ist an sich keine schöne Straße und wird nie als besonders sehenswert hervorgehoben. Dennoch lohnt sich ein Spaziergang diese verkehrsreiche Ringstraße entlang, da hier einige interessante Beispiele für die Bauhaus-Architektur in Budapest liegen. 1934 wurde mit der Umgestaltung der Straße begonnen, also genau zu der Zeit, als die Bauhaus-Schule und ihre kreativen Köpfe von sich reden machten. In Budapest herrschte damals große Wohnungsnot, denn Ungarn steckte bereits seit dem Ersten Weltkrieg in einer wirtschaftlichen Krise. Viele Menschen kamen aus den umliegenden Gebieten und vom Land auf der Suche nach Arbeit in die Stadt. So entstanden in den 1930er Jahren große Wohnsiedlungen und viele neue Mietshäuser. Die Architektur teilte sich in die ungarische traditionelle und die moderne avantgardistische auf, wozu die Vertreter des Bauhauses zählten.

So befinden sich auch auf der grauen Margit körút Häuser unterschiedlicher Stile. Diese Bauhaus-Bauten fallen auf den ersten Blick meist gar nicht auf. Am bekanntesten ist die Hausnummer 55, in der sich das Kino »Átrium« befindet. Es wurde von Lajos Kozma geplant, dessen erste Entwürfe noch dem Jugendstil nahe waren, doch schon bald immer moderner wurden. Ein Blick in das alte Kinogebäude reicht aus, um in diese Zeit einzutauchen. Es wurde 1937 eröffnet und zählt zu den ersten ungarischen Bauten, die extra für ein Filmtheater konzipiert wurden.

Nur wenige Schritte entfernt befinden sich weitere Häuser dieser Epoche, darunter die Nummern 17 und 29 (hier die Tür beachten!) sowie 55 und 69. Das Gebäude mit der Nummer 15 wurde von Belá Hofstätter und Ferenc Domány entworfen. Es hat ein wunderbares geschwungenes Treppenhaus, das von der Straße Rómer Flóris utca aus am besten zu erkennen ist. Von diesen beiden Architekten stammen in der Gegend eine ganze Reihe von Gebäuden oder auch die Inneneinrichtung des Kinos Broadway am Károly körút.

Adresse Margit körút 15, 19, 29, 55, 69 und Rómer Floris utca Ecke Margit körút, I. Bezirk, 1024 Budapest | **ÖPNV** Straßenbahn 4 oder 6 über die Margaretenbrücke bis zur ersten Haltestelle in Buda (Margit híd, Budai hidfő), von dort aus zu Fuß | **Tipp** Unter Budapest100, www.budapest100.hu finden sich viele Anregungen zum Thema Bauhaus. Hinweise, Touren und Informationen (wie zum Beispiel eine lichtdurchflutete Marmorkuppel, eine besondere Balkonkonstruktion, ein Treppenhaus, ein Kraftwerk oder ein Park) gehören dazu.

6 Das Bedö-Haus
Wie ein Antiquitätenladen

Es gibt unendlich viele herausragende Jugendstilgebäude in Budapest. Aber das Bedö-Ház (Bedö-Haus) in der Nähe des schönen Szabadság tér ist doch einzigartig. Es ist nicht nur ein besonders auffälliges Beispiel dieser Epoche, sondern beherbergt heute außerdem ein Museum. Über drei Etagen erstreckt sich die Ausstellung, die sich ausschließlich dem ungarischen Jugendstil widmet. Das verraten allein schon die Fassade, die Türen und Verzierungen, die Eingänge und Treppenhäuser. Es lohnt sich schon, nur in den Eingangsbereich neben Café und Museum zu gehen oder einen Blick durch die Tür zu werfen: Wunderschöne Wandverzierungen schmücken den Flur, sehenswerte Lampen und Geländer das Treppenhaus. Alles in diesem Haus ist beispielhaft für die Zeit des Jugendstils in der aufblühenden Metropole zu Beginn des 20. Jahrhunderts.

Das Haus gehörte früher der Familie Bedö. Béla Bedö war Minenbesitzer. Er ließ das Gebäude 1903 von Emil Vidor entwerfen. Vidor war ein großer Verehrer des Architekten Victor Horta, dem bedeutendsten belgischen Vertreter des Jugendstils. So sind im Bedö-Haus Stilelemente aus Ungarn und Belgien zu finden. Für den Kenner offensichtlich sind die Kacheln an der Fassade typisch ungarisch, denn sie stammen von der Firma Zsolnay, die viele Gebäude der Stadt verzierte. Das Gebäude wurde 2007 komplett renoviert und restauriert, und der Sammler und Bauunternehmer Tivadar Vad zeigt jetzt seine private Sammlung hier.

Auch Museums-Muffel werden staunen, welche Fülle der Jugendstil zu bieten hat: Möbel, Vasen, Kleider, Schmuck, Bilder, Schalen, Karaffen, Etageren und viele andere Gebrauchsgegenstände und Dekorationsstücke wurden zusammengetragen. Neben dem Eingang gelangt man zum Café, das ebenfalls im Art-Nouveau-Stil eingerichtet wurde. Das Café ist zum Museum hin geöffnet, und so kann man auch von hier aus schon einen Blick hineinwerfen und in die alte Zeit eintauchen.

Adresse Haus der Ungarischen Sezession Magyar Szecesszioháza (Bedö-Ház), Honvéd utca 3, V. Bezirk, 1054 Budapest, Tel. +36/1/2694622, www.magyarszecessziohaza.hu | **ÖPNV** Metro 2 oder Straßenbahn 2 bis Kossuth tér | **Öffnungszeiten** Mo−Sa 10−17 Uhr | **Tipp** Drei weitere schöne, von Emil Vidor entworfene Gebäude befinden sich in der Straße Városligeti fasor 23, 24 und 33, nahe dem Stadtwäldchen.

7 — Das Béla-Bartók-Museum
Stille Zuflucht am Rande der Großstadt

Béla Bartók mochte den Tumult der Großstadt nicht. Deshalb zog er mit seiner Familie 1924 in ein Haus am Rande Budapests. Zu diesem Zeitpunkt gab es in der Umgebung nur große Gärten und einige Villen. Das lauteste Geräusch am Morgen war der Gesang der Vögel. Hier hatte er die Ruhe, die er zum Komponieren benötigte. Es sollte seine letzte Bleibe in Ungarn werden, denn die Angst, dass Ungarn sich dem nationalsozialistischen Deutschland anschließen könnte, veranlasste ihn, 1940 gemeinsam mit seiner Familie in die USA zu emigrieren. Dort fiel es ihm schwer, Fuß zu fassen. 1945 starb Béla Bartók, der zeit seines Lebens kränklich gewesen war, an Leukämie.

In seinem ehemaligen Wohnhaus im II. Bezirk wurde 1981, hundert Jahre nach seiner Geburt, ein persönliches Museum eingerichtet. Damals wurde der Eingangsbereich zu einer Halle erweitert, und im ersten Stockwerk wurde ein Saal eingerichtet, in dem regelmäßig Konzerte stattfinden. Hier lebte und arbeitete Béla Bartók, der zu den wichtigsten Komponisten des 20. Jahrhunderts zählt. Die Tür zu seinem kleinen Arbeitszimmer war ursprünglich gepolstert. Heute sind eine ganze Reihe Fotografien, Teile der ehemaligen Einrichtung und persönliche Gegenstände ausgestellt. Ein Kuriosum ist der Zigarettenstummel, der vor einigen Jahren bei der Restaurierung von Béla Bartóks Flügel gefunden wurde.

Neben seinen Kompositionen widmete sich Bartók dem Sammeln von alten ungarischen Volksliedern; er wollte zum Ursprung dieser Musik vordringen. Dazu bereiste er große Teile des damaligen Ungarn. Ein Grammophon, vor dem die Landbevölkerung sich manchmal fürchtete, war sein ständiger Begleiter. Mit übertriebenem Nationalismus aber hatte das wenig zu tun. Die Bedeutung der Musik beschrieb er in einem Brief an einen Freund so: »Meine eigentliche Idee ist die Verbrüderung der Völker. Dieser Idee versuche ich mit meiner Musik zu dienen.«

Adresse Csalán út 29, II. Bezirk, 1025 Budapest | **ÖPNV** Metro 2 bis Szell Kálmán tér, von dort aus weiter mit Bus 5 bis Pasaréti tér, durch die Csévi utca gelangt man zur Csalán út | **Öffnungszeiten** Di–So 10–17 Uhr (Man wird durch das Haus geführt.) | **Tipp** Ein Spaziergang durch diese ruhige und grüne Gegend, in der eine ganze Reihe schöner alter Villen steht, lohnt sich.

8 Der Blechspielzeugladen
Ein Kaleidoskop nostalgischer Spielwaren

Auf der Teréz körút (Teréz-Ringstraße) reihen sich Geschäfte, Cafés, Döner-Restaurants und häufig etwas altbackene Modegeschäfte aneinander. Schick sieht es hier nicht gerade aus, vor allen Dingen in Richtung Westbahnhof, der nicht weit entfernt liegt. Aber lebendig ist es! Überall bunte Schilder und Reklame und dann diese fremdartige ungarische Sprache, die auch im Schriftbild so exotisch scheint!

Inmitten des Gewusels stößt man auf ein kleines schmuckes Schatzkästchen. Die Eingangstür und der Schaufensterrahmen sind in zartem Lindgrün gestrichen, und der Schriftzug »Játékszerek Anno« (Spielzeuge Anno) ist in feiner Schreibschrift zu lesen. Der Laden ist winzig. Die Glasregale wurden sämtlich mit Spiegeln hinterlegt, sodass die vielen Spielzeuge sich überall und von allen Seiten spiegeln. So wirkt der kleine Laden im Inneren beinahe wie ein buntes Kaleidoskop.

Zum großen Teil wird hier Blechspielzeug verkauft. Es gibt alles Mögliche: Äffchen, die an Fäden hochklettern, altmodische Straßenbahnen, kleine Boote mit Ruderern darin oder Mopedfahrer und einen Clown auf einem Roller. Ungewöhnlich ist ein Dreirad mit zwei Figuren. Ein nostalgisch gekleideter Herr mit Schirmmütze sitzt darauf und chauffiert vor sich eine Dame, die in einer Art Rollstuhl sitzt. Man sollte sich einfach alles genau anschauen. Irgendeine Kleinigkeit, die man noch nicht kennt, gibt es auf jeden Fall zu entdecken. Neben der großen Auswahl an Blechspielzeugen sind außerdem altmodische Mobiles, Kaleidoskope, Springseile mit schönen Holzgriffen, nostalgische Spielkarten und noch so einiges andere erhältlich. Die Verkaufskraft steht übrigens nicht im Ladenraum, sondern schaut aus einem schalterähnlichen Kasten heraus. Selbstverständlich ist sie jedermann gern behilflich und weiß genau, wo jedes Stück, das ausgestellt wird, noch verpackt zu finden ist.

Adresse Teréz körút 54, VI. Bezirk, 1066 Budapest, www.jatekanno.hu | **ÖPNV** Straßenbahn 4 und 6 bis zum Westbahnhof (Nyugati Pályaudvar), von dort sind es nur wenige Schritte | **Öffnungszeiten** Mo–Fr 10–18 Uhr, Sa 10–14 Uhr | **Tipp** Einen weiteren, schön verkramten Spielzeugladen gibt es in der Pozsonyi utca 22.

9 — Das »Brody House«
Ein besonders schönes Hotel

Von außen ist nicht zu erkennen, was für ein Juwel sich hinter den grauen Mauern verbirgt. Nicht, dass das Gebäude an sich nicht prächtig wäre. Aber man hat es eben nicht frisch gestrichen. Betritt man dann die Eingangshalle, sticht einem sofort das wunderbare Fenster ins Auge, das in Richtung Hof zeigt. Daran vorbei geht es die Treppen hinauf zur Rezeption. Dort oben befinden sich außerdem die Räume für das morgendliche Frühstück. Alles ist wirklich superschön und mit viel Stil dekoriert. Alte Öfen wurden aufgearbeitet, und ein geschmackvoller Mix von Möbeln, Farben und Design beherrscht die Einrichtung. Zu erwähnen wäre da auch noch die Lage. Beim Frühstück schaut man nämlich auf den Park, der das ungarische Nationalmuseum umgibt.

Bevor das Brody House überhaupt zum Gästehaus und Boutique-Hotel wurde, lebten Peter Grundberg und William Clothier, ein Engländer und ein Schwede, die hinter dem Konzept stecken, selbst hier. Sie sammelten Freunde aus der Kunstszene um sich, und es wurden Abendessen und Salons organisiert. Jeder Künstler gab dem Raum, in dem er zeitweise lebte und arbeitete, seinen ganz persönlichen Anstrich.

So gibt es heute im Brody House elf individuelle Hotelzimmer. Diese tragen jeweils den Namen desjenigen Künstlers, der es eingerichtet hat. »Droga Room« zum Beispiel wurde von Bo Droga eingerichtet, einem Künstler, der jetzt in Paris lebt. Ist er aber in Budapest zu Besuch, fügt er der Einrichtung jedes Mal ein Objekt hinzu. Bei der Ankunft im Hotel bekommt man eine liebevoll gestaltete Mappe mit vielen Insidertipps für die Stadt. Auch besondere Wünsche werden auf Anfrage hin nach Möglichkeit erfüllt. Brody House ist einfach schick und schön! Zur Brody-Gruppe gehören außerdem ein Appartementhaus, ein »Artyard«, in dem Ausstellungen stattfinden, und ein Club, den die Gäste des Hotels selbstverständlich auch besuchen können.

Adresse Bródy Sándor utca 10, VII. Bezirk, 1088 Budapest, Tel. +36/1/5507363 , www.brodyhouse.com | **ÖPNV** Metro 3 bis Kálvin tér, von dort aus zu Fuß vorbei am Nationalmuseum, gleich dahinter liegt die Bródy-Sándor-Straße | **Tipp** Möchte man ein ungarisches Restaurant im alten Stil besuchen, bietet sich das Múzeum Kávéház és Étterem gleich vorne an der Ecke zur Múzeum körút an.

10 Die Bronze-Jungen
Ein Klassiker der Jugendliteratur

Biegt man von der Kisfaludy utca in die Práter utca ein, stößt man auf eine Gruppe von Jungen aus Bronze. Die drei, die da versunken ins Murmelspielen hocken, gehören zu der Bande aus der Paulstraße. Ihre Schultaschen stehen vergessen an der Seite. Die anderen zwei, die zuschauen, sind Mitglieder der verfeindeten »Rothemden«, und sie führen nichts Gutes im Schilde. Sie haben es nämlich auf die schönen Murmeln abgesehen. Noch dazu wollen sie den Jungen aus der Paulstraße ihren »Grund« wegnehmen. Der »Grund«, das ist ein leerer Bauplatz, auf dem diese immer spielen und der für sie Freiheit symbolisiert.

In dem Buch geht es um Freundschaft, Loyalität und Idealismus – wohl das Geheimnis des Erfolges dieses ungarischen Klassikers. Erich Kästners Buch vom »fliegenden Klassenzimmer« nimmt das Thema auf. Allerdings kommt es dort am Ende nicht zu einer traurigen Katastrophe wie in der Vorlage. Das Wort »Einstand«, das im Roman von Ferenc Molnár für eine Art Kriegserklärung steht und bedeutet, etwas in Besitz nehmen zu wollen, das einem nicht gehört, ist heute noch als Lehnwort im ungarischen Wortschatz zu finden.

Die Geschichte der Jungen aus der Paulstraße hat seit Generationen ungarische Heranwachsende begleitet. Auch heute zählt sie in ungarischen Grundschulen meist zur Pflichtlektüre. 1907 ist das Buch erschienen, der Schriftsteller Ferenc Molnár zählte im 20. Jahrhundert zu den bedeutendsten Dramatikern Ungarns. 1940 musste er wie viele wegen seiner jüdischen Abstammung in die USA emigrieren. Dort verfasste er weitere Bühnenstücke. Zu seinen bekannteren Werken zählen »Liliom« und »Der Schwan«, letzteres wurde filmisch mit Grace Kelly in Szene gesetzt.

Das Buch über die Jungen von der Paulstraße wurde mehrmals verfilmt, das letzte Mal im Jahr 2003 in Italien. So ganz aus der Mode ist der Jugendroman also immer noch nicht.

golyónk!" — és még a Weisz volt a legokosabb, mert ő mindjárt mondta: „Gyönnek, gyönnek, ebből a gyövésből nagy einstand lesz!"

Adresse Práterstraße 11, VIII. Bezirk, 1083 Budapest | **ÖPNV** Metro 3 bis Corvin-negyed, von dort aus ist es nur ein kleines Stück zu Fuß | **Tipp** Nicht weit entfernt befindet sich der Botanische Garten, ebenfalls Schauplatz im Roman der Bande aus der Paulstraße. Der Eingang befindet sich in der Illés utca.

reszketett a keze a félelemtől, és félszemmel a Pásztorokra nézett, hat persze, hogy nem talált. De a Pásztorok nem is mozdultak, csak ott álltak zsebre dugott kézzel...

11 Die Buchhandlung
Lesen! Nicht nur als Zeitvertreib

Lesen kann eine Tür in andere Welten und zu anderen Sichtweisen öffnen. In Budapest wurde und wird viel gelesen, und es gab immer zahlreiche Buchhandlungen und Antiquariate. Während der kommunistischen Epoche konnten Menschen, die aus den strenger zensierten »Bruderländern« (wie zum Beispiel der DDR) hier zu Besuch waren, Presse und Bücher kaufen, die es im eigenen Land nicht gab. Trotz Treue zur Sowjetunion waren in Ungarn während der 60er Jahre kleine Zugeständnisse an die Freiheit der Bürger gemacht worden. Das betraf die Privatwirtschaft im Kleinen und eben auch eine leichte Öffnung für die ausländische Presse. In der Vaci utca zum Beispiel, heute die innerstädtische Shoppingmeile, gab es gleich mehrere Buchläden – und ein Verlagsgebäude befand sich ebenfalls hier.

Auf der Andrássy út liegt eine derjenigen Buchhandlungen, die schon sehr lange existieren, die »Irok boltja«. In ihren Räumen befand sich einst das »Japan Caféhaus«, das als Institution galt und von Schriftstellern, Künstlern oder Studenten gleichermaßen besucht wurde. Ödön Lechner zum Beispiel soll sich gern hier aufgehalten haben. Als viele Caféhäuser von den Kommunisten verstaatlicht und in Geschäfte oder Lagerräume verwandelt wurden, wurde das »Japan Caféhaus« immerhin zu einem Buchladen. Um an diese Tradition anzuknüpfen, gibt es im »Irok boltja« auch heute eine kleine Teehaus-Ecke. Es gibt viele Kunstbücher, alte Landkarten, Drucke und schöne Foto-Postkarten. Im Mezzanin werden Lesungen und Buchvorstellungen abgehalten. Es herrscht genau die gedämpfte und konzentrierte Atmosphäre, die man in einem Raum mit vielen Büchern erhofft.

Ein weiterer, sehr schöner Buchladen nennt sich »Atlantisz Könyvsziget« und befindet sich in der Király utca. Hier trifft man Studenten und Professoren gleichermaßen und kann außerdem ausländische Bücher bestellen.

Adresse Irok boltja, Andrássy út 45, VI. Bezirk, 1061 Budapest; Atlantisz Könyvsziget, Anker köz 1 | **ÖPNV** Metro 1 bis Oktogon, die Irok boltja befindet sich gleich an der Ecke zum Liszt Ferenc tér | **Öffnungszeiten** Irok boltja Mo–Fr 10–19 Uhr, Sa 11–15 Uhr; Atlantisz Könyvsziget Mo–Fr 10–18 Uhr, Sa 10–14 Uhr | **Tipp** Englische Bücher und Presse bekommt man bei »Bestsellers« in der Október 6 utca 11 und auf dem Múzeum körút, nahe Kálvin tér, reihen sich mehrere Antiquariate aneinander.

12 — Die Buchwaldstühle
Unterwegs auf Budapests alter Flaniermeile

Zu Beginn des 19. Jahrhunderts entfaltete sich auf der Pester Zeile nahe der Donau ein zunehmend reges Leben. Damals fuhren hier noch Kutschen, denen man ausweichen musste. Auf dem Donaukorso konnte sich jeder zeigen. Eine besonders populäre Zeit fürs Promenieren war der Sonntagmorgen, meist nach der heiligen Messe. Die Damen führten dann ihre schönsten Kleider und Schuhe aus, die Herren vornehme Hüte, mit denen man so schön grüßen konnte. Die Ungarn erfanden sogar ein Wort für das Promenieren am Korso: korzózni (auf Ungarisch heißt der Donaukorso nämlich Duna korzó), das bedeutete in etwa langsam schlendern und dazu die gute Sonntagsgarderobe vorführen.

Wer dann eine Pause benötigte, versuchte einen der sogenannten Buchwaldstühle zu ergattern, die am Donaukorso standen. Benannt waren sie nach dem pfiffigen Unternehmer Sándor Buchwald, der diesen Service an der Donau und auch im Stadtwäldchen hinter dem Heldenplatz zur Verfügung stellte. Man zahlte den uniformierten Fräuleins der Firma Buchwald seinerzeit 20 Fillér und konnte dann bei schönem Wetter stundenlang hier sitzen. Vor dem Vigadó, dem prächtigen Konzertsaal, standen die Stühle damals sogar in acht bis zehn Reihen. Es war also schon beinahe wie im Theater. Die ganze Stadt war hier zu finden, und von den Terrassen der Cafés erklang häufig Livemusik.

Heute gibt es auf dem Donaukorso wieder eine ganze Reihe von Stühlen, auf denen sich die Spaziergänger im Sonnenschein bequem niederlassen können; bezahlen muss man dafür aber nichts. Besonders ältere Einheimische nutzen diese Möglichkeit gern. Hier kann man den anderen beim Flanieren zusehen oder den tollen Panoramablick auf den Burgpalast, die Fischerbastei, die Kettenbrücke und die vorbeifließende Donau auskosten. Besonders schön ist der Blick, wenn es dunkel ist und die gesamte Szenerie im Lichterglanz erstrahlt.

Adresse Donaukorso (Duna korzó), V. Bezirk, 1052 Budapest | **ÖPNV** Straßenbahn 2 bis Vigadó oder Metro 1 bis Vörösmarty tér und ein Stück in Richtung Donau laufen | **Tipp** Im Restaurant »Dunacorso« am Vigadó tér 3 bekommt man gute ungarische Küche, zu allerdings etwas gehobenen Preisen.

13 — Im Budapester Supermarkt
Ungarischer Snack aus dem Kühlregal

Der Besuch eines Supermarktes im Ausland ist immer interessant. Neben ungarischen Lebensmittelketten sind in Budapest viele internationale Supermärkte zu finden. Die Regale sind dann selbstverständlich so bestückt, wie der Einheimische es wünscht. Unser Augenmerk hier gilt dem Kühlregal. Denn dort findet man den ungarischen Pausensnack, genannt Túró Rudi. Dabei handelt es sich um einen schmalen Schokoladenriegel, der mit Quark gefüllt ist. Eingewickelt ist dieser ungarische Klassiker in weißes Papier mit roten Punkten darauf. Manche finden die Geschmackskomposition vielleicht etwas seltsam, aber die Ungarn lieben ihren Túró Rudi. Häufig kann man auf der Straße oder in der Metro beobachten, wie jemand den gepunkteten Riegel aus seiner Tasche zieht. Und schließlich isst man in anderen Ländern ja auch Käse mit Marmelade.

Erfunden wurde der Túró Rudi in den 60er Jahren, so ist es nachzulesen, und sein Ursprung liegt in der Sowjetunion. Dort kam er allerdings aus der Gefriertruhe. Die Ungarn änderten die Inhalte so, dass man ihn im Kühlschrank aufbewahren konnte. Túró ist das ungarische Wort für Quark. Rudi ließe sich einerseits von der Abkürzung des Namens Rudolf oder vom ungarischen Wort für Stange, »rúd«, ableiten. Manchmal wird der Schokoriegel auch Pöttyös Rúdi genannt, weil das der Name des Herstellers ist, und Pöttyös heißt gepunktet. So einfach ist das.

Ganz so gesund wie gern behauptet, soll der kleine Riegel einer Untersuchung zufolge übrigens wohl doch nicht sein. Die Schokoumhüllung besteht unter anderem aus ungesättigten Fettsäuren. Aber wenigstens probieren kann doch keine Sünde sein. Von den Ungarn jedenfalls wird das Kühlregal der Supermärkte zielsicher angesteuert, wenn es gilt, einen Pausensnack einzukaufen. Im Budapester Supermarkt gibt es nebenbei noch eine ganze Reihe anderer interessanter und landestypischer Lebensmittel zu entdecken.

Adresse Den Túró Rudi gibt es in jedem Supermarkt, zum Beispiel bei »Prima«, Anker köz 1 oder in der József Attila utca 16. | **ÖPNV** Mit der Metro bis zum Déak Ferenc tér, von dort aus ist es zu beiden Märkten nicht weit. | **Tipp** Eine weitere ungarische Spezialität ist zum Beispiel der »Barackpálinka«, ein Aprikosenschnaps, der Kräuterlikör »Zwack Unicum« oder »Erős Pista«, eine scharfe Würzpaste mit Chili. Oder ein Käse namens »Parenyica«, der zwar ursprünglich aus der Slowakei stammt, aber in Ungarn auch viel gegessen wird. Er wird geräuchert und aufgerollt oder in kleine Zöpfe geflochten.

14 Die Buslinie 16
Alternative Stadtrundfahrt auf den Burgberg

So wie man mit der Straßenbahnlinie 2 wunderbar eine Stadtrundfahrt die Donau entlang, vorbei am Parlament und anderen Sehenswürdigkeiten bis zur großen Markthalle machen kann, kann man die Buslinie 16 ab Széll Kálmán tér nutzen, um sich einen ersten Überblick über das mittelalterliche Burgviertel zu verschaffen. Man gelangt dabei durch das Wiener Tor auf den Budaer Burghügel und lässt das ungarische Staatsarchiv mit seinem bunt gekachelten Dach rechts hinter sich zurück. Es wurde von demselben Architekten erbaut, der auch die große Markthalle entwarf. Nach einem kleinen Bogen hält der Bus am Szentháromság tér, in dessen Mitte eine Dreifaltigkeitssäule steht. Sie wurde in Erinnerung an eine Pestepidemie im 17. Jahrhundert an diesem Ort errichtet und gibt dem Platz auch seinen Namen. Außerdem sind links die Matthiaskirche und gleich dahinter die Fischerbastei zu sehen.

Zwischendurch gibt es natürlich immer die Möglichkeit, auszusteigen, um sich etwas umzusehen oder einen kleinen Spaziergang zu unternehmen. Die gesamte Burganlage wurde in den letzten Jahren saniert und verschönert. Ein reizvoller Weg liegt in südwestlicher Richtung, der sogenannte Tóth Árpád sétány. Er folgt der Burgmauer, man hat schöne Ausblicke in die Budaer Hügel, und nicht jeder verirrt sich hierher. Im Sommer ist auch ein kleiner Pavillon aufgebaut, an dem man Erfrischungen zu sich nehmen kann.

Ab Dísz tér geht es mit dem Bus über einige Stationen langsam wieder hinunter. Durch den Tunnel gelangt man zum Clark Adam tér, benannt nach dem schottischen Ingenieur, der den Bau der Kettenbrücke leitete.

Von hier aus geht es über die Donau nach Pest. Am Ende der Brücke erreicht man den Széchenyi tér. Direkt gegenüber liegt das wunderschöne Luxushotel »Gresham Palace«. Das stattliche Gebäude zur linken Seite des Platzes ist die Akademie der Wissenschaften. In der Arany János utca ist man am Ende der kleinen Stadtrundfahrt angelangt.

Adresse oberhalb des Széll Kálmán tér auf der Várfok utca, 1024 Budapest, liegt die Endhaltestelle der 16, dazu die Treppenstufen nutzen | **ÖPNV** Metro 2 zum Széll Kálmán tér | **Tipp** Die Konditorei Ruszwurm in der Szentháromság utca 7 ist ein berühmtes Café, das ganz im Biedermeierstil eingerichtet ist und guten Kuchen anbietet.

15 — Das Café Dunapark
Kaffeeklatsch mit Blick auf die Donau

Das Café Dunapark befindet sich in einem der schönen Wohnblocks, die den Pester Szent-István-Park umgeben. Hier ist während der 30er Jahre ein für damalige Verhältnisse äußerst modernes und großstädtisches Gebäudeensemble mit vielen Elementen des Bauhausstils und Art déco entstanden. So gibt es im Café viel Metall, Kurven und geschwungenes Design. Das Dunapark ist geradezu ein Art-déco-Juwel. Man kann sich gut vorstellen, dass es zur Zeit seiner Eröffnung im Jahr 1937 zu den modernsten Kaffeehäusern der Stadt zählte. Damals lebte in der Umgebung das junge, aufgeschlossene Bürgertum, und es hat den Anschein, als wäre das auch heute wieder ein bisschen so.

Die Betreiber des Café Dunapark haben es sich zum Ziel gesetzt, im Stil der mondänen 30er Jahre den Ansprüchen des 21. Jahrhunderts gerecht zu werden. Der ganze Raum des Cafés hat etwas Gediegenes. Die geschwungenen Metallgeländer der Balustrade, die das offene Halbgeschoss umlaufen, lassen den Gast an ein Kino oder an ein schickes amerikanisches Diner denken. Das Gebäude wurde von Béla Hofstätter und Ferenc Domány entworfen. Nach sorgsamer Renovierung eröffnete es im September 2006 erneut seine Türen. Seitdem gehört es zu den beliebten Anlaufstellen der Budapester Kaffeehausszene. Hier treffen sich ausländische Studenten mit ihren Laptops, Geschäftsleute im Anzug, junge Mütter und ältere Damen zum Kaffeeklatsch. Gegen Abend ertönt manchmal dezente Livemusik. Sobald das Wetter es zulässt, kann man seine Getränke, hausgebackenen Backwaren oder Torten auch draußen auf der großzügigen Terrasse zu sich nehmen. Immer mit Blick auf den Szent-István-Park und die Donau.

Im Sommer gibt es selbst gemachte Eiscreme, das ganze Jahr über sehr guten Kaffee, Tee und frisch gepresste Säfte. Besonders gut und reichhaltig ist das Frühstück, zu dem man sich am Wochenende ganz in Ruhe niederlassen kann.

Adresse Pozsonyi út 38, III. Bezirk, 1039 Budapest, www.dunaparkkavehaz.com | **ÖPNV** Straßenbahn 2, 4 oder 6 bis Jászai Mari tér, hier beginnt die Pozsonyi út | **Öffnungszeiten** Mo–Fr 8–23 Uhr, Sa und So 10–23 Uhr | **Tipp** Nach dem Besuch im Café bietet sich ein Spaziergang in der Pozsonyi út mit ihren vielen kleinen Läden an. Oder man geht in den Szent-István-Park!

16 — Das Capa-Center
Ein leuchtendes Geheimnis

Das Capa-Center für zeitgenössische Fotografie befindet sich seit 2013 in den Räumen des einstigen Ernst-Museums. Dieses wurde in der gründungsfreudigen Phase Anfang des 20. Jahrhunderts vom begeisterten Kunstsammler und Mäzen Lajos Ernst ins Leben gerufen. Er ließ das Gebäude damals unter Mitwirkung einer Reihe einflussreicher Künstler erbauen und einrichten. Seit jeher war das Ernst-Museum eine Institution, die die Vielfalt verschiedener Medien in den Vordergrund stellte.

Auch der Künstler Rippl-Rónai war ein Allroundtalent. Vor allen Dingen widmete er sich der Malerei. Aber er entwarf auch Gebrauchsgegenstände, richtete ein Palais für seinen Mäzen Graf Andrássy ein, kreierte Wandteppiche (die seine Frau stickte und die auf der Pariser Weltausstellung prämiert wurden) und Glasfenster wie jenes, auf das die Blicke gleich beim Betreten des Capa-Centers unweigerlich fallen. In leuchtend bunten Farben, Kirschrot, Knallblau, Grün und Sonnengelb, sind dort drei Frauengestalten zu erkennen. Auch die kleineren Fenster seitlich des Treppenaufgangs stammen von Rippl-Rónai, der die Kunst als eine Lebenshaltung betrachtete, die sich auf alle Bereiche auswirken solle. Anfang 2015 fand in der ungarischen Nationalgalerie, die viele seiner Werke besitzt, eine große Ausstellung für den Künstler statt. Hier fokussierte man sich auf die Freundschaft Rippl-Rónais mit Aristide Maillol. Zeit seines Lebens war Rippl-Rónai bestrebt, seinen eigenen Stil zu entwickeln und sich nicht einer Gruppe anzupassen.

Woher das Capa-Center seinen Namen erhielt, liegt auf der Hand: von Robert Capa, der als Endre Ernő Friedmann in Budapest geboren wurde und dessen Fotos vom spanischen Bürgerkrieg und anderen Kriegsschauplätzen ihn weltberühmt machten. Und seinem Namensgeber folgend widmet sich das Museum heute der nationalen und internationalen Presse- und Dokumentationsfotografie.

Adresse Capa-Center, Nagymező utca 8, V. Bezirk, 1065 Budapest, Tel. +36/1/4131310, www.capacenter.hu | **ÖPNV** Metro 1 bis Opera, Straßenbahn 4 und 6 bis Oktogon oder Bus 105 ebenfalls bis Opera | **Öffnungszeiten** täglich 11–19 Uhr | **Tipp** Bei einem Besuch in der ungarischen Nationalgalerie auf dem Burgberg kann man neben Rippl-Rónai weitere interessante ungarische Künstler des 20. Jahrhunderts kennenlernen.

17_Die Dachbar 360 Grad
Dem Himmel so nah

Im Frühling oder Sommer, wenn das Thermometer in der ungarischen Metropole stetig steigt, sehnen sich viele Menschen nach einem lauen Lüftchen. Wenn dieses auch noch mit einem sensationellen Ausblick kombiniert und zudem einfach erreicht werden kann, wird der Ort zu einer der attraktivsten Locations der Stadt. Eines dieser – im wahrsten Sinne des Wortes – Highlights ist die Dachbar »360 Grad«. Sie befindet sich ganz zentral in der Andrássy út 39, auf dem Dach des alten Pariser Kaufhauses (der Eingang liegt jedoch rechts neben dem Kaufhauseingang). Mit einem Fahrstuhl geht es dem Himmel entgegen und direkt in die Bar. Sie ist schlicht und modern, mit vielen Holztischen und Sitzmöglichkeiten, einigen Holzpaletten, zwei Bars, nettem Personal und vielen Menschen, die den Blick, die Atmosphäre und vielleicht auch die Abgeschiedenheit über der Stadt genießen wollen. Was für ein Glück, dass die jahrzehntelang ungenutzte Terrasse jetzt für die Öffentlichkeit zugänglich gemacht wurde. Sie bietet eine wunderbare Aussicht, aber auch ein Blick in den gläsernen Lichthof im Mittelpunkt der Bar lohnt sich. Diese Bar ist entspannt und lässig, zudem gibt es regelmäßig Abendveranstaltungen.

Zwei weitere zentral gelegene Dachterrassen locken ebenfalls mit phantastischem Ausblick: Im jüdischen Viertel im Gozsdu udvar befindet sich die »Gozsdu Sky Terrace«. Wie viele andere Lokale in diesen Höfen ist auch sie selbstverständlich trendy, aber noch ein wenig schicker als andere Bars. Sie ist über den Eingang an der Dob utca und den Parkplatz dort zu erreichen. Von hier aus hat man einen herrlichen Blick nach Buda.

»Barfood« wird in der Toprum Skybar auf dem Hotel »Rum« in der Királyi Pál utca 4 serviert. Solange das Wetter es zulässt, sitzt man unter freiem Himmel, während der kalten Jahreszeit ermöglicht eine Glaskonstruktion weiterhin Dinieren mit Aussicht, ab und an mit Livemusik.

Adresse 360-Grad-Bar, Andrássy út 39, VI. Bezirk, 1061 Budapest, www.360bar.hu, Reservierung unter Tel. +36/70/2595153 oder E-Mail info360bar@gmail.com | **ÖPNV** Metro 1 bis Opera oder Oktogon oder Straßenbahn 4 und 6 ebenfalls bis Oktogon | **Öffnungszeiten** Do–Sa 14–2 Uhr und So 14–24 Uhr | **Tipp** Schräg gegenüber der Bar hat das Lokal »Big Fish« eröffnet. Hier kann man den frischen Fisch selbst an der Theke aussuchen und kurze Zeit später auf der Terrasse oder im dezent gestylten Gastraum verzehren.

18_ Die Devotionalien-Gasse
Eine besondere Passage

In diesem kleinen Innenhof gibt es Priestergewänder und Rosenkränze, Bücher und Kerzen, Räucherstäbchen und eine Menge anderer Devotionalien. Es ist kein Wunder, dass es in Budapest solch eine kleine Ladenpassage gibt, in der sich fast ausschließlich Läden mit Kirchenbedarf befinden, schließlich leben in der Stadt immer noch viele gläubige Menschen. Obwohl auch hier die Zahl der Christen weiter zurückgeht – in den letzten zehn Jahren um circa 20 Prozent –, eilen noch eine ganze Reihe von ihnen zur Messe in eine der umliegenden Kirchen.

Mária Kegytárgyüzlet heißt einer der Läden, Myro-Kegitargy ein anderer, der seine Heiligtümer auch im Internet anbietet. Klein und vollgestellt sind die Verkaufsräume mit allem, was zum religiösen Leben dazugehört. Der eine bietet vor allen Dingen Bücher, CDs und DVDs. Im Schaufenster lächelt einem der Papst entgegen. Ein anderer ist mehr auf Rosenkränze spezialisiert. Zumeist ältere Leute kommen hierher.

Es lohnt sich auf jeden Fall, einen Blick in die verschiedenen Läden zu werfen. Solch eine breit gefächerte Auswahl religiöser Gegenstände gibt es nicht jeden Tag zu sehen. Ein Geschenk zur Kommunion, zur Konfirmation oder zur Hochzeit ist sicher dabei. Zum Beispiel ein türkises Armband mit kleinem Kreuz daran. Aber auch eine Glocke fürs Christkind oder Bilder von Heiligen und Statuen werden angeboten.

Gleich um die Ecke am Ausgang stößt man rechts auf die im Barockstil erbaute Franziskaner (Ferenciek)-Kirche. Die Fresken in ihrem Innenraum stammen teils von Károly Lotz. Der Orden wurde während der kommunistischen Ära in Ungarn aufgelöst und die Kirche beinahe abgerissen, als die nahe Elisabethbrücke nach dem Zweiten Weltkrieg neu gebaut werden musste. Bei ihr handelt es sich übrigens um die einzige nicht wieder originalgetreu errichtete Brücke, da sie dem stark anwachsenden Autoverkehr gerecht werden musste.

Adresse Ferenciek tér 7 – 8 und 9, V. Bezirk, 1053 Budapest, Tel. +36/1/3173322 | **ÖPNV** Metro 3 bis Ferenciek tere oder Astoria, Bus 5, 7, 8, 107, 110, 112, 133, 178, 233, 239, 15 und 115 bis Ferenciek tere | **Tipp** Hier liegt auch das bekannte Restaurant »Kárpátia Étterem És Sörözo« mit traditioneller ungarischer Küche. Es ist eines der ältesten Lokale der Stadt, und täglich ab 18 Uhr wird hier noch Zigeunermusik gespielt (täglich 11 – 23 Uhr geöffnet).

19 __ Der Eiffel-Palast
Wie schön Eisen aussehen kann

In zentraler Lage, nicht weit entfernt vom Westbahnhof, erstrahlt dieses Gebäude in der Bajcsy Zsilinszky út seit Anfang des Jahres 2014 in neuem Glanz. Es beherbergt eine ganze Reihe von Firmen und gilt zurzeit als das teuerste Bürogebäude der Stadt. Die Renovierung, die hier unternommen wurde, ist allerdings auch imposant. Zudem schmücken sich die Bauherren damit, erstmals ein Gebäude in Mittel- und Osteuropa nach so hohen umweltverträglichen Ansprüchen saniert zu haben, dass es mit gleich zwei Zertifikaten dafür ausgezeichnet wurde: dem LEED Gold für energie- und umweltgerechte Planung und dem BREEAM-Preis für Nachhaltigkeit.

Ursprünglich errichtet wurde der Eiffel-Palast Ende des 19. Jahrhunderts für eine Zeitschrift, den »Pesti Hírlap«. Für diesen schrieb eine lange Zeit eine ganze Reihe ungarischer Größen. Später trudelte er mit sehr wechselhafter Geschichte durch die Jahrzehnte und wurde schließlich eingestellt. Das Gebäude wurde früher an der Ecke zur Stollár Béla utca, in Blickrichtung zum Westbahnhof, von einem Turm gekrönt. Diesen flankierten rechts und links zwei weitere Türmchen, weshalb das Bauwerk auch den Spitznamen »Drei-Turm-Palast« erhielt. Ganz oben auf der Turmspitze befand sich über dem Firmenlogo ein Genius, der eine Gaslampe in seiner Hand hielt, die an Festtagen erleuchtet wurde. Eine hübsche Vorstellung!

Heute umläuft das Mansardendach eine imposante Fensterfront. Wie der Blick von dort oben wohl sein mag? Immerhin ist es möglich, den Innenhof des »Eiffel-Palace« zu betreten. Dort beeindruckt die Eisenkonstruktion der Korridore, von denen aus die Büros betreten werden. Sie wurden seinerzeit vom Planungsbüro Gustave Eiffels entworfen. Dort, wo Horizontale und Vertikale aufeinandertreffen, sind dicke Kugeln und Räder als Schmuckelemente angebracht. Sie sollen an die ursprüngliche Nutzung des Gebäudes erinnern. Im Eingang steht eine kleine Druckmaschine.

Adresse Bajcsy Zsilinszky út 78, XVIII. Bezirk, 1185 Budapest | **ÖPNV** Metro 3 bis Nyugati Pályaudvar | **Tipp** Machen Sie eine Pause auf dem Szent István tér vor der Basilika. Hier gibt es viele Bars und Cafés, auch in den benachbarten Straßen Sas utca und Hercegprimás utca.

20 — Der Eisladen
Kühle Erfrischung an warmen Tagen

Werden die Tage länger und die Sonnenstrahlen wärmer, beginnt auch in Budapest die Speiseeis-Saison. Besonders während der ersten schöneren Tage ist zu beobachten, wie sich vor so manchem Laden eine Schlange bildet. Und ist das Eis besonders gut, dann ist auch die Nachfrage entsprechend. Das kann man zum Beispiel ganz in der Nähe der St.-Stephans-Basilika vor der Eisdiele namens »Gelarto Rosa« beobachten. Denn hier gibt es ein Eis der besonderen Art.

Mit einem kleinen Spachtel werden blitzschnell wunderschöne Rosen geformt. Es sieht eigentlich ganz einfach aus. Die Farbkombinationen entstehen dann automatisch, je nachdem, für welche Sorte man sich entschieden hat. Die Wahl fällt allerdings schwer, denn es gibt eine ganze Reihe von Geschmacksrichtungen, die verlockend klingen. Da wären zu nennen: Holunder-Erdbeere, weiße Schokolade mit Lavendel, Olive oder Zitrone-Basilikum. Konservierungsstoffe oder künstliche Farbstoffe kommen hier nicht ins Eis.

Mit ihrem Konzept folgt Niki Szökrön, die all diese tollen Sorten kreiert, dem internationalen Trend. Sie hat das Eismachen von der Pike auf in Bologna an der Carpigiani-Gelato-Universität erlernt. Für die kalten Tage gibt es hier ebenfalls feine Sachen: die gerade so beliebten Macarons oder etwa hausgemachte Schokolade.

Ein weiterer Tipp für Eisliebhaber sind die niedlichen Läden von »Fragola«. Wie der Name schon andeutet, schmücken Erdbeeren das Firmenlogo. Auch hier gibt es Eis nach italienischem Vorbild mit nur frischen Zutaten. Neben klassischen Sorten werden auch ausgefallenere wie Gorgonzola-, Camembert- oder Käsekucheneis angeboten. Nun muss eigentlich nur noch die Sonne scheinen. Aber das tut sie in der ungarischen Hauptstadt reichlich. Temperaturen über 30 Grad sind im Hochsommer keine Seltenheit, und die Eis-Saison ist lang.

Adresse Gelarto Rosa, Szent István tér 3, V. Bezirk, 1051 Budapest, www.gelartorosa.com; Fragola, Bajcsy-Zsilinszky út 76, V. Bezirk, 1055 Budapest, Nagymező utca 7, VI. Bezirk, 1065 Budapest oder Károly körút 3, VII. Bezirk, 1075 Budapest, www.fragolafagylaltozo.hu | **ÖPNV** Gelarto Rosa: Metro 2 oder Metro 3 bis Déak tér; Fragola in der Bajcsy Zsilinszky út: Metro 3 bis Westbahnhof, in der Nagymező utca: Metro 1 bis Oper oder Oktogon | **Öffnungszeiten** Gelarto Rosa Mo–So 11–22 Uhr, Fragola 11–21 Uhr | **Tipp** Von der Kuppel der St.-Stephans-Basilika aus hat man einen tollen Blick über die Stadt (Szent István tér 1, V. Bezirk, 1051 Budapest).

21 Das Építészpince Étterem
Aus dem Dornröschenschlaf erweckt

Hinter einem großen, oft verschlossenen Tor liegt das Lokal Építészpince Étterem. Außerhalb der Öffnungszeiten bekommt man noch nicht einmal einen ersten Eindruck, vor 11 Uhr lohnt es sich nicht, sich auf den Weg in die Ötpacsirta utca 2 zu machen. Aber dann ist es eine schöne Entdeckung. Fast kommt es einem vor, als beträte man hinter dem hohen Zaun einen verwunschenen Garten. Kletterpflanzen ranken sich die Wände und Geländer empor und fallen vom eigenwilligen Dach des Lokals wie stürzendes Wasser herunter. Das gelbe Dach erinnert an die alten Metrostationen in Paris. Das Gebäude stammt aus dem späten 19. Jahrhundert, Eigentümer war Graf Kálmán Almássy. Zu dieser Zeit entstanden viele Adelspaläste in der umliegenden Gegend.

Eine breite Treppe führt in das heutige Lokal empor. In der Eingangshalle wurden schon früher die Gäste des Grafen empfangen, das Esszimmer, ein Ankleidezimmer und ein Bad lagen daneben. Heute sind es wenige Schritte bis zum »Architektenkeller«. Dort weicht das verträumte Ambiente minimalistischem Design. Das Restaurant mit der umfangreichen Karte und den durchaus soliden Preisen befindet sich im Keller der Architektenkammer. Diese gibt es bereits seit 1902, und man beschäftigt sich mit den unterschiedlichsten Aspekten der Architektur. Im Vordergrund steht die Erhaltung von Baudenkmälern, um Traditionen des Landes und architektonische Besonderheiten zu bewahren.

Das Építészpince Étterem ist ein wahres Fundstück in Budapests Innenstadt, mitten im pulsierenden Leben der Metropole. Eine kleine Oase der Ruhe hinter hohen Mauern, verziert mit Reliefs von Ödon Lechner und Karoly Kos. Am Mittag tummeln sich hier die Studenten und Professoren der umliegenden Universitätsgebäude. Im schattigen Innenhof lässt es sich vor allem bei gutem Wetter wunderbar sitzen, im Keller dagegen ist es immer etwas kühler – in Temperatur und Design.

Adresse Ötpacsirta utca 2, VIII. Bezirk, 1051 Budapest, Tel. +36/1/2664799, www.epiteszpince.hu | **ÖPNV** Metro 3 und Metro 4 oder Bus 9, 15, 115, 83 bis Kálvin tér, Bus 9 bis Szentkirályi utca | **Tipp** Das Zoska Reggeliző Kávézó ist ein sehr nettes Café zum Frühstücken und befindet sich in der Ferenczy István utca 28. Hier werden Montag bis Samstag bereits ab 7 Uhr Frühstück in verschiedenen Varianten und guter Kaffee angeboten.

22 — Die Falk Miksa utca
Jede Menge Antikes in nur einer Straße

Die Straße beginnt am nördlichen Ende des großen Platzes, der das Parlament umgibt. Je weiter man sie dann in Richtung Ringstraße entlangläuft, desto größer wird die Dichte der Antiquitätenläden. Es werden viele verschiedene Stilrichtungen angeboten. Manche konzentrieren sich ganz auf Porzellan, einige auf Art déco. Da gibt es dann Wiener Sitzmaschinen, mondäne Glaslampen und Vasen mit dicken Böden. Schon einmal einen Zigarettenausdrücker aus Porzellan gesehen? Die ungarische Porzellanfirma »Herend« stellte so etwas früher mit vielen verschiedenen Motiven her.

Auch wenn es durch die dekorierten Schaufenster nicht immer gleich zu erkennen ist, haben einige der Geschäfte in ihren Untergeschossen noch riesige Ausstellungsflächen. Am Ende der Straße, dort, wo sie auf die Szent István körút trifft, liegt rechts die Galerie Kieselbach. Hier werden Ölgemälde oder Fotografien ungarischer Künstler ausgestellt. In der »Virág Judit Galeria« gibt es Malerei aus verschiedenen Epochen und viel Zsolnayer Porzellan. Außerdem gibt es Ausstellungen und Auktionen. Im Frühjahr und Herbst findet das »Falk Miksa Street-Festival« statt. Mit langen Öffnungszeiten, Imbissständen und Vorführungen ähnelt es einem Straßenfest.

Die Straße wurde nach einem Politiker und Journalisten benannt. Vielleicht gelangte Falk Miksa auch deshalb zu besonderer Berühmtheit, weil er Königin Elisabeth in ungarischer Sprache und Literatur unterrichtete. Auf jeden Fall soll es keine verwandtschaftliche Beziehung zwischen ihm und dem Herrn gegeben haben, dessen Skulptur am Ende der Straße vor einiger Zeit enthüllt wurde: Dort ist Peter Falk alias Columbo zu sehen. In vertrauter Pose kratzt er sich zerstreut am Kopf und blickt auf den Dackel zu seinen Füßen hinab. Warum er hier steht, ist niemandem so ganz klar. Denn außer demselben Nachnamen gibt es zwischen Journalist und Schauspieler keinerlei Verbindung.

Adresse Falk Miksa utca, XIII. Bezirk, 1055 Budapest (zum Festival siehe www.falkart.hu) | **ÖPNV** Straßenbahn 2 bis zur Szalay utca oder Metro 2 bis Kossuth Lajos tér und dann ein Stück zu Fuß | **Tipp** Das Cirko-Gejzir Cinema, Balassi Bálint utca 15–17, ist ein nettes, kleines Programmkino, das hauptsächlich europäische Filme zeigt (www.cirkogejzir.hu, mit Untertiteln selbstverständlich!).

23 Die Felsenhöhle
Bewegte Vergangenheit

Jahrzehntelang war diese kleine Höhlenkirche im Gellértberg versiegelt und nicht zu betreten. Schon das macht sie zu etwas Besonderem. Die Höhle gibt es schon lange, nur ihr hinterer Bereich wurde erst später aus dem Felsen gesprengt. Wegen der konstanten Raumtemperatur und des frischen Wassers aus einer Quelle diente sie immer wieder als Unterkunft. So auch während des Zweiten Weltkriegs, als sich hier Flüchtlinge aus Polen versteckten.

Am Ende der Kelenhegyi út, gegenüber vom Eingang des berühmten und prachtvollen Gellért-Heilbades, befindet sich ihr Eingang. Die Felsenkapelle ist der Grotte von Lourdes nachempfunden und dem heiligen Gellért gewidmet. Dieser soll 1046 in einem Fass vom Gellértberg gerollt worden sein, nachdem er vergeblich versucht hatte, die heidnischen Bewohner zum Glauben zu bekehren.

Die Idee für eine Felsenkapelle entstand, nachdem eine Gruppe von Ungarn den französischen Pilgerort Lourdes besucht hatte. Die Höhle wurde für den Paulinerorden umgestaltet. Dieser Orden war bereits seit dem 14. Jahrhundert in Ungarn aktiv, wurde jedoch unter Joseph II. aufgelöst, und erst 1934 kehrten einige Patres aus dem polnischen Exil zurück. Als die Kommunisten das Land regierten, wurde die Grotte einfach zugemauert. Seit 1989 ist sie wieder zugänglich und wird von den Paulinern verwaltet. Regelmäßig finden Gottesdienste statt.

Zwei bemerkenswerte Kunstwerke sind hier zu sehen: ein Gemälde von Maximilian Kolbe, dem polnischen Mönch, der für einen Mithäftling in Auschwitz in den Tod ging, und eine Nachbildung der Schwarzen Madonna von Tschenstochau. Sehenswert sind außerdem einige Andenken, die es am Eingang der Grotte zu kaufen gibt: ein winziger Heiliger in einer durchsichtigen Plastikhülle, die aussieht wie ein Anspitzer, oder ein klitzekleines Christkind in einer Walnussschale, Armbänder und Ketten, Weihnachtsbaumschmuck und andere Devotionalien.

Adresse Felsenkapelle Sziklakápolna Szent Gellért rakpart 1, XI. Bezirk, 1114 Budapest, Tel. + 36/620/7752472, www.sziklatemplom.hu | **ÖPNV** Metro 4 bis Gellért tér | **Öffnungszeiten** Mo–Sa 9.30–19.30 Uhr | **Tipp** Es gibt noch einige andere Höhlen in Budapest zu besichtigen. So zum Beispiel die Burghöhle, Palvölgyi-Höhle oder die Szemlöhegyi-Höhle (weitere Infos unter www.budapest.com/stadtfuhrer/sehenswurdigkeiten/hohlen.de.html).

24_ Der Fuit-Stein
Es war einmal ein Rechtsanwalt, der wünschte sich …

So wie es aussieht, wird es das Városliget, das kleine Stadtwäldchen, nicht mehr lange in seiner heutigen Form geben. Es ist geplant, hier eine große Museumlandschaft anzulegen, ähnlich dem Museumsquartier in Wien oder der Museumsinsel in Berlin. Man will Großes, und wahrscheinlich will man auch beeindrucken. Ab wann und mit welchem Geld die Pläne umgesetzt werden, ist allerdings noch nicht klar.

Die Budapester jedenfalls mögen ihren Stadtwald, in dem man spazieren gehen und allen möglichen Freizeitaktivitäten nachgehen kann. Besonders in seinem hinteren Abschnitt ist er dann wirklich ein richtiger Park. Hier gibt es große Wiesen mit alten Bäumen und immer wieder zwischendrin Denkmäler, die für bedeutungsvolle Persönlichkeiten aufgestellt wurden. Ein außergewöhnliches Exemplar erreicht man über den Olof Palme sétany. Dies ist ein schöner Weg, zum Teil rechts und links mit großen Platanen bewachsen. Kurz hinter dem wunderschönen Olof Palme ház (Haus) biegt dann linker Hand ein mit Pflastersteinen gelegter Pfad ab. Wenn man diesem noch ein Stück folgt, stößt man auf einen schlichten schmalen Grabstein, der von einem niedrigen, gusseisernen Gitter umzäunt ist.

Auf dem Stein ist nur ein einziges Wort zu lesen: »Fuit«, das lateinische Wort für er, sie oder es »war«. Ein kleines Wort, das viele Interpretationen zulässt. Ein Budapester Rechtsanwalt, der ungenannt bleiben wollte, hinterließ der Stadt vor langer Zeit einen hohen Geldbetrag. Als einzige Gegenleistung wünschte er sich, hier und auf genau diese Art begraben zu werden. Angeblich soll es sich bei dem großen Unbekannten um einen Mann namens Jakob Horváth gehandelt haben. Ab und an liegt sogar noch ein Sträußchen dort, das jemand für den Wohltäter der Stadt niederlegt, und an Allerheiligen haben es sich manche Menschen angewöhnt, ein Licht im Gedenken an den Toten anzuzünden.

Adresse XIV. Bezirk, 1146 Budapest | **ÖPNV** Metro 1 bis Széchenyi fürdő, von dort aus zu Fuß den Olof Palme sétany entlang; hinter dem schönen Olof-Palme-Haus dem kleinen gepflasterten Weg folgen | **Tipp** In der Nähe liegt die Abonyi utca, eine stille, elegante Straße, durch die es einen Spaziergang lohnt. An der Ecke zur Cházár András utca liegt eine Schule, die von Béla Lajta entworfen wurde.

25 Die Gedenktafel
… ein Lied geht um die Welt

Auf einem Spaziergang durch das einstige jüdische Viertel stößt man in der Dob utca 46b an einem schlichten Gebäude aus den 40er Jahren auf eine Gedenktafel. Auf Ungarisch ist dort zu lesen, dass in diesem Haus einst der »weltberühmte Rezső Seress« lebte. Das Lied, das seinerzeit für dessen große Popularität sorgte, hieß »Trauriger Sonntag«. In Deutschlands Kinos lief 1999 der Film »Ein Lied von Liebe und Tod«, in dem die melancholische Melodie eine wichtige Rolle spielte. Viele kennen vielleicht den englischen Titel des Stücks, der »Gloomy Sunday« lautet. Berühmte Stars wie Billie Holiday oder Paul Robeson sangen Versionen davon.

Rezső Seress erlangte mit seiner Komposition große Beliebtheit, aber reich wurde er nicht. Selbst jüdischer Abstammung, hatte er ein Arbeitslager in der Ukraine überlebt. Er hing an Ungarn und entschied sich, in Budapest zu bleiben. 16 Jahre lang trat der Pianist im »Kulacs« auf. Dort waren viele eingekehrt, um seine Lieder zu hören. Das »Kulacs« lag an der Ecke von Dohány und Ossvát utca. Heute steht es leer, aber die alten Schilder sind immer noch an der Hauswand angebracht. Dann saß Rezső Seress im »Kispipa« in der Akácfá utca am Klavier. Dort hing noch Jahre nach seinem Tod ein Porträt von ihm an der Wand. Leider kann man sich es heute nicht mehr ansehen, weil das alte Kispipa seit einigen Jahren geschlossen ist und ein neues Lokal eröffnete.

Angeblich sollen manche Radiosender das traurige Lied eine Zeit lang nicht gespielt haben. Man sagt, seine schwermütige Wirkung sei für eine Reihe von Selbstmorden mitverantwortlich. Deshalb erhielt es im Volksmund den Beinamen »ungarisches Selbstmordlied«. Auch wenn die Selbstmorde wohl anderen Gründen zuzuschreiben waren, setzte Rezső Seress seinem Leben mit beinahe 70 Jahren ein Ende. Er überlebte einen Sturz aus dem Fenster seiner Wohnung, um sich dann im Krankenhaus umzubringen.

Adresse Dob utca 46 b, VII. Bezirk, 1072 Budapest | **ÖPNV** Metro 1 bis Opera, von Andrássy út rechts in die Csányi utca, dann links in die Dob utca abbiegen | **Tipp** Der Bildhauer Mihály Kolodko überrascht die Budapester seit einiger Zeit mit kleinen Skulpturen. So ist in der Akácfá utca 38 eine davon an der Hauswand zu sehen, die den Pianisten Rezső Seress ehrt.

26 Das Geologische Institut
Das blaueste Dach der Stadt

An Ödon Lechner kommt in Budapest keiner vorbei. Der Architekt (1845–1914) hat Ende des 19. Jahrhunderts viele sehenswerte Bauten geschaffen und gilt als der Meister des ungarischen Jugendstils. Eines seiner Bauwerke und eines der schönsten Jugendstilgebäude der Stadt überhaupt ist das Geologische Institut. Es wurde 1899 errichtet. Seine Entstehung fiel in die Zeit, in der die Stadt Budapest architektonisch erblühte. Zwischen 1890 und 1914 entstanden viele neue Gebäude, denn die Stadt feierte ihr tausendjähriges Bestehen und war außerdem im Jahr 1896 Gastgeber der Weltausstellung.

Ödon Lechner legte großen Wert auf Keramikarbeiten, wie am Geologischen Institut nicht zu übersehen ist. Das Keramikdach mit seinen himmel- und meerblauen Zsolnayfliesen ist besonders eindrucksvoll und fällt sofort ins Auge. Auf der Spitze des höchsten Turmes haben sich drei Männer niedergelassen, um die Welt auf ihren Schultern zu tragen. Sie stützen einen riesigen Globus aus Metall.

Die Begeisterung für bunte Dächer und Keramik hängt bei Ödon Lechner vielleicht mit seiner Herkunft zusammen, denn sein Vater hatte eine Ziegelei. Und mit dem Ziegel-Fabrikanten Vilmos Zsolnay verband ihn eine enge Freundschaft. Gemeinsam sollen sie »Pyrogranit« erfunden haben, einen frost- und wärmebeständigen Kunststein, der wesentlich zum Erfolg der Zsolnay-Keramik für Gebäude beitrug. Nur so konnten die bunten Fliesen auch für Dächer verwendet werden. So setzte sich nicht nur Lechner mit dem Geologischen Institut ein Denkmal, sondern auch die in ganz Ungarn bekannte Firma Zsolnay aus Pécs. Mit ihren bunten Kacheln für die Dächer der Postsparkasse oder der Matthiaskirche schufen sie farblich neue Akzente. Für Ödon Lechner spielte außerdem die ungarische Volkskunst immer eine wichtige Rolle. Auch mehr als hundert Jahre nach seiner Eröffnung beeindruckt dieses Bauwerk aus der Nähe wie von fern.

Adresse Stefánia utca 14, XIV. Bezirk, 1143 Budapest, Tel. +36/1/2510999, www.mafi.hu | **ÖPNV** Bus 7 oder Metro 2 bis Népstadion | **Öffnungszeiten** Das Gebäude kann beim Besuch des Geologischen Museums von innen besichtigt werden, man muss sich aber mindestens eine Woche vorher dazu anmelden unter E-Mail palotas.klara@mfgi.hu | **Tipp** Porzellan von Zsolnay gibt es am der József nádor tér 12, Rákóczi út 4–6 (Brand Showroom) oder József krt. 59–61. Es ist nicht so elegant wie das ebenfalls aus Ungarn stammende Herender Porzellan, aber häufig mit einer speziellen schimmernden Glasur überzogen.

27 Das Gerlóczy
C'est la vie

»Ein Stück Paris in Budapest« verspricht das Café Gerlóczy. Es liegt an einem kleinen, malerischen Platz in der Altstadt an der Gerlóczy utca. Einige Meter davor steht ein Denkmal für Károly Kamermayer, den ersten Bürgermeister der Stadt nach der Vereinigung von Pest und Buda.

Das Café hält sein Versprechen. Es hat ein ansprechendes Interieur, und die Kellner in weißen Oberhemden und schwarzer Krawatte servieren köstliches Frühstück stilvoll und formvollendet, ebenso wie viele andere Gerichte bis in den späten Abend hinein. Bekannt ist das Gerlóczy als Kaffeehaus und für seine internationale Bistro-Küche. Frisch gebackene Croissants, Pistazientarte oder Crème brulée kommen direkt aus der Küche auf den Tisch.

Beachtenswert ist die Aufbewahrung des Bestecks in einem schönen Schubladenschrank neben der Bar. Aber auch andere Details machen das Café Gerlóczy zu etwas Besonderem. Das Ambiente ist gemütlich und vornehm zugleich. Es liegt ein wenig abseits der Haupteinkaufsstraßen und doch mitten im Zentrum. Im Sommer ist es gar nicht so leicht, einen der Bistrostühle auf der Terrasse zu ergattern, und hier ist dann auch nicht nur die ungarische Sprache zu hören. Trotzdem sind die großen Touristenströme der Stadt an diesem Lokal bisher vorbeigezogen.

Inzwischen kann man im Gerlóczy auch übernachten. Die Gästezimmer spiegeln mit dem dunklen Holz, ihren kräftigen Farben und Goldverzierungen ebenso wie das Café den Charme der Belle Époque wider. Eine kunstvoll geschmiedete Wendeltreppe führt über drei Etagen hinauf, das Gepäck wird den Gästen hochgetragen. Zimmer 1.3 und 2.3 haben einen kleinen Balkon. Direkt neben dem Gerlóczy befindet sich ein kleiner Delikatessenladen: Szalámibolt hat einige ganz besondere Spezialitäten im Angebot. Zum Beispiel Salami mit Pfirsichen, Aprikosenkonfitüre und verschiedene Sorten Pálinka.

Adresse Gerlóczy Café und Restaurant, Gerlóczy utca 1, V. Bezirk, 1052 Budapest, Tel. +36/1/5014000, www.gerloczy.hu | **ÖPNV** Metro 3 bis Ferenciek tere oder Metro 2 bis Astoria, dann jeweils circa fünf Minuten Fußweg | **Öffnungszeiten** täglich 8–23 Uhr | **Tipp** Ein weiteres Bistro mit französischem Charme, jedoch neu interpretierten ungarischen Gerichten eröffnete 2012 in der Vécsey utca 3, 1054 Budapest (Tel. +36/1/7830788, Mo–Fr 7.30–0 Uhr, Sa und So 9–0 Uhr geöffnet, www.budapest-bistro.hu).

28 Das Glashaus
Erinnerung an einen »Gerechten unter den Völkern«

Die Schlichtheit des dreigeschossigen Hauses in der engen Straße fällt auf. Der Fabrikant Arthur Weiss ließ es während der 1930er Jahre als Geschäfts- und Wohngebäude errichten. Und weil er Besitzer einer Glasfabrik war, sollte auch am Haus selbst möglichst viel Glas verarbeitet werden. Das bis heute erhaltene und in verschiedenen Farben gestaltete gläserne Treppenhaus kann leider nicht besichtigt werden.

Die Fassade ist schmucklos. Gedenktafeln, eine davon für den Schweizer Vize-Konsul Carl Lutz, weisen darauf hin, dass sich hier während des Zweiten Weltkriegs ein besonderes Ereignis abspielte. Im sogenannten Glashaus nämlich war das bekannteste von insgesamt 72 Schutzhäusern untergebracht, in denen Juden Zuflucht finden konnten.

Nachdem die jüdische Familie Weiss enteignet worden war, befand sich hier außerdem seit Sommer Juli 1944 das von der Schweizer Regierung eingerichtete Auswanderungsbüro für Palästina. Damit genoss das Gebäude diplomatische Immunität. Carl Lutz hatte eine spezielle Vereinbarung mit der ungarischen Regierung und den Nationalsozialisten getroffen, der zufolge er 8.000 Schutzbriefe an ausreisewillige Juden ausgeben konnte. Mit Absicht interpretierte er diese Abmachung falsch und wandte sie auf 8.000 Familien an. So bewahrte er viele Tausende vor der Deportation. Für sein eigenmächtiges Verhalten wurde er kurz nach dem Krieg zu Hause nicht nur gelobt. In Israel aber wurde er 1964 von Yad Vashem zum »Gerechten unter den Völkern« ernannt.

Im Glashaus ist heute ein kleines Gedenkzimmer für Carl Lutz eingerichtet. Dort erläutern Dokumente die Situation von damals und die unglaubliche Rettung von nahezu 62.000 Menschenleben. Es gibt auch eine Reihe von deutschen Textblättern. Im Glashaus ist man rührend bemüht, den Besuchern die Geschichte eines vielen sicherlich unbekannten Helden näherzubringen.

Adresse Vadász utca 29, V. Bezirk, 1054 Budapest, Tel. +36/1/2422964 | **ÖPNV** Metro 3 bis Arany János utca, von der Bank utca aus erreicht man die Vadász utca | **Öffnungszeiten** täglich 13–16 Uhr, der Eintritt ist frei | **Tipp** Nicht weit vom Glashaus entfernt, am Szabadság tér, steht die amerikanische Botschaft. Dort findet man eine Skulptur, die an Carl Lutz erinnert. Ein weiteres Denkmal für ihn wurde bereits 1991 in der Dob utca errichtet.

29 Das Gourmet-Haus
Kuchen und Porzellan

»Gourmet-Haus« nennt sich das Aushängeschild der Firma Szamos im Zentrum der Stadt. Das ist vielleicht irreführend, denn vor allen Dingen gibt es hier süße Sachen. Und zwar in feinster Qualität. Und diese Qualität ist es auch, die Szamos mit der ungarischen Manufaktur Herend verbindet. Die Wände im Szamos Gourmet Ház sind dekoriert mit Frauenporträts aus Herender Porzellan. Außerdem halten die Damen kostbare Stücke der Manufaktur in ihren Händen oder tragen sie gar auf ihren Häuptern. Eine interessante Kombination ist hier entstanden, denn Szamos und Herend sind ungarische Unternehmen mit langer Geschichte. Und beide Firmen machen sich dafür stark, die Handwerkstradition weiterhin aufrechtzuerhalten.

Seit 1826 wird in Herend Porzellan hergestellt. Ein Service, das bis heute gefertigt wird, ist nach der englischen Königin Viktoria benannt. Sie hatte es bei einem Besuch in Ungarn gekauft, und Herend bedankte sich mit dem Namen dafür. Immer noch ist das Porzellan von hoher Qualität und selbstverständlich auch in Budapest erhältlich, so wie hier in der Konditorei Szamos. Deren Firmengeschichte begann etwa 100 Jahre später. Mit einer Rose, genauer gesagt einer Rose aus Marzipan, die der Firmengründer Mladen Szavits perfektionierte. Als Lehrjunge hatte er dieses Kunstwerk bei einem Dänen abgeschaut. Marzipanherstellung war lange Zeit das Kerngeschäft des Unternehmens, inzwischen ist so einiges dazugekommen. Im Gourmet-Haus gibt es einen Showroom, in dem eigene Schokolade hergestellt wird und Workshops veranstaltet werden. Fein liegen die Köstlichkeiten, aber auch das Zubehör des Konditors, hier bereit, und es ist einiges über die Herstellung zu erfahren.

Achten Sie auf den Stahlbaum am Eingang: Er wiegt 220 Kilogramm und ist bestückt mit 82 goldenen Kakaobohnen. Und das lebensgroße Marzipanmädchen im Laden besteht aus 70 Kilogramm Marzipan.

Adresse Szamos Gourmet Ház, Café-Konditorei-Schokoladenmanufaktur, Váci utca 1, V. Bezirk, 1052 Budapest, Tel. +36/30/5705973 | **ÖPNV** Metro 1 bis Vörösmarty tér oder Straßenbahn 2 bis Vigadó tér | **Öffnungszeiten** täglich 10 – 21 Uhr | **Tipp** Geschäfte mit Herend-Porzellan befinden sich in der Andrássy út 16 oder József Nádor tér 11 und Szentháromság u. 5 (weitere Infos unter www.herend.com).

30 Die Gozsdu-Höfe
Ein besonderer Gebäudekomplex im Wandel

Nicht weit vom zentral gelegenen Deák Ferenc tér in der Király utca 11 befinden sich die Gozsdu-Höfe. Sie verlaufen über zwei Grundstücke, und mit einer Länge von insgesamt 230 Metern reichen sie bis in die Dob utca. Hier sind wir im Herzen des ehemaligen jüdischen Viertels. Lange Jahre warteten die Höfe auf eine Renovierung, die 2007 von einem ausländischen Investor gewagt wurde. Anschließend machten ein, zwei Cafés und einige Läden auf, und junge Leute zogen hierher. Dennoch blieb es ruhig, und das imposante Architekturensemble konnte sich in seiner ganzen Schönheit entfalten. Nach und nach öffneten mehr Lokale ihre Türen. Leuchtketten wurden aufgehängt, Folienwände um die Terrassen gebastelt, um die Gaststättenflächen zu erweitern und wetterunabhängig zu machen. Die internationale Partyszene hielt Einzug. Finanziell interessant, aber auch mit sichtbaren Nachteilen.

Der Komplex der Gozsdu-Höfe besteht aus sieben Gebäuden und sechs Höfen. Er wurde in den Jahren 1912/13 nach Plänen des ungarischen Architekten Győző Czigler errichtet. Unten im Erdgeschoss befanden sich damals Läden und Werkstätten, oben gab es kleine Wohnungen. Manó Gozsdu, ein damals erfolgreicher Advokat in Budapest, der ursprünglich aus dem heutigen Oradea (Rumänien) stammte, übertrug sein großes Vermögen einer Stiftung zur Förderung der »lernbegierigen rumänisch-orthodoxen Jugendlichen«. Von den Gozsdu-Höfen aus gab es daher eine direkte Verbindung zur damaligen Kapelle und dem Gemeindehaus der rumänisch-orthodoxen Kirche.

Während der kommunistischen Ära richtete man im Gebäudekomplex Sozialwohnungen ein, und die Gozsdu-Höfe wurden nach und nach heruntergewirtschaftet und verkamen. Dieses Schicksal zumindest scheint heute in weite Ferne gerückt. Diese Höfe sind etwas ganz Besonderes, und am schönsten ist es vielleicht, sie allein in der morgendlichen Stille zu durchqueren.

Adresse Király utca 13 und Dob utca 16, VII. Bezirk, 1068 Budapest | **ÖPNV** Metro 2 oder Metro 3 bis Deák tér, die Károly körút überqueren und in die Király utca einbiegen | **Tipp** In der Király utca 19–21 ist »Goa« untergebracht. Hier gibt es große und kleine Einrichtungsgegenstände und viele andere schöne Dinge, die sich als Reisemitbringsel eignen.

31 Das Grab der Revolutionäre

Nationales Gedächtnis im Wandel der Zeit

Der Aufstand im Jahr 1956 war für viele Ungarn ein traumatisches Erlebnis. Tausende flohen anschließend ins westliche Ausland, und einige kehrten erst nach dem Ende der kommunistischen Herrschaft wieder zurück. Berühmte Anführer des Aufstandes wie Imre Nagy oder Pál Maléter wurden damals hingerichtet und in Massengräbern verscharrt; mit dem Gesicht nach unten, wie es heißt, zu ihrer besonderen Schmach. Ihre Angehörigen wussten nicht, wo sie ihrer gedenken konnten. Jahrzehntelang lagen die Revolutionäre in der entlegensten Ecke des Friedhofs auf den Parzellen 300 und 301, begraben unter Unkraut und Gestrüpp. Auf einem Spaziergang die meist einsamen Wege entlang bis hierher ist diese Abgeschiedenheit auch heute noch zu spüren. Mehr als 30 Jahre später, am 16. Juni 1989, dem Jahrestag der Hinrichtung von Imre Nagy und Pál Maléter, wurden die Toten der beiden Parzellen neu bestattet. Zum Begräbnis kamen unzählige Menschen, und der 16. Juni wurde zum nationalen Trauertag erklärt.

Der Neue Allgemeine Friedhof (Új köztemető) ist mit einer Gesamtfläche von etwas mehr als zwei Hektar der größte der ungarischen Hauptstadt und befindet sich ein ganzes Stück außerhalb des Zentrums. Bescheidene Marmorplatten liegen nun dort, wo die ehemaligen Helden der Revolution nach so langer Zeit ihre letzte Ruhe fanden. Weiterer Opfer des Stalinismus wird mit verzierten Holzstelen auf der Parzelle 298 gedacht. Auf der Parzelle 300 schuf der Bildhauer György Jovánovics ein Denkmal, in dessen Mitte sich eine Säule befindet, die genau 1.956 Millimeter hoch ist. Alle Parzellen zusammen bilden eine nationale Gedenkstätte.

Auf einem der Wege zur Parzelle 300 stößt man auf das »Transsylvanische Tor«. Es wurde vom Verband der Aufständischen von 1956 errichtet und trägt die etwas merkwürdige Inschrift: »Nur eine ungarische Seele soll dieses Tor durchschreiten«.

Adresse Neuer Allgemeiner Friedhof, Kozma utca 8–10, X. Bezirk, 1108 Budapest, Kőbánya, Parzellen 300 und 301 sind vom Haupteingang aus auf einem 20-minütigen Spaziergang zu erreichen | **ÖPNV** Metro 2 bis Kőbanya-Kispest, von da aus mit Bus 202 E bis Uj köztemetö | **Öffnungszeiten** täglich 7.30–17 Uhr | **Tipp** In einem Gebäude gegenüber dem Friedhof ist das »Museum der Pietät« (Kegyeleti Múzeum) untergebracht. Dort sind unter anderem Fotos großer Gedenkfeiern wie der von Imre Nagy zu sehen. Und in der Orsó utca 43 im II. Bezirk befindet sich das Haus, in dem Imre Nagy lebte. Eine Gedenktafel erinnert dort an ihn.

32 Das Gül-Baba-Mausoleum

Der Vater der Rosen

Eine beliebte Wohngegend in Budapest, romantische Kopfsteinpflastergassen, hügelige Straßen mit Villen und mittendrin das Mausoleum von Gül Baba, einem türkischen Derwisch, der einst hier lebte, wirkte und starb. Gül Baba bedeutet »Vater der Rosen«. Er trug der Legende nach immer eine Rose zur Zierde an seinem Turban und führte im 16. Jahrhundert die Rosenzucht in Ungarn ein. Außerdem schrieb er unter einem Pseudonym Gedichte. Noch viel wichtiger aber war sein Auftrag, die damalige Stadt Buda zu missionieren. Lediglich 15 Jahre blieben ihm für diese Aufgabe, denn kurz nach der endgültigen Eroberung der Stadt durch die Türken starb er ganz plötzlich. Die Todesursache konnte nicht geklärt werden. Der damalige osmanische Sultan Süleiman der Prächtige erhob den »Vater der Rosen« zum Schutzheiligen und ließ ihm zu Ehren das Mausoleum errichten. Buda selbst blieb 145 Jahre unter osmanischer Herrschaft. Ein Bauwerk aus dieser Zeit ist das Király-Bad, das sich circa 500 Metern entfernt in der Fő utca 84 befindet und nach wie vor in Betrieb ist.

Gül Baba hat bis heute Bedeutung. Seine letzte Ruhestätte, ein achteckiges Gebäude mit einem Halbmond auf der Kuppel, gehört zu den heiligen Stätten des Islam in Europa. So kommt es auch, dass die Anlage von der türkischen Regierung gehegt und gepflegt wird und weiterhin als Pilgerort dient. Bis zum Zweiten Weltkrieg wurde das Mausoleum viel besucht, heute lebt die Tradition verhalten wieder auf. Ein Säulengang, bunte Wandfliesen, eine Mondsichel, ein Brunnen, weite Ausblicke über die Stadt und Gül Baba als Statue sind hier zu sehen.

Hübsch und ein wenig ländlich ist die steil ansteigende Kopfsteingasse Gül Baba utca, die zur Grabstätte hinaufführt. Rechts und links liegen kleine, zum Teil nur eingeschossige Häuser. Oben links am Türbe tér befindet sich das frei zugängliche Grabmal (Gül Baba türbe).

Adresse Gül Baba türbe, Türbe tér (über Mescet utca), II. Bezirk, 1023 Budapest | **ÖPNV** Straßenbahn 4, 6 oder Bus 91, 191, 931 bis Margit hid budai hidfő | **Öffnungszeiten** Mai–Okt. täglich 10–18 Uhr, Nov.–April täglich 10–16 Uhr | **Tipp** Die Türken bauten in Budapest auch das Király Thermalbad in der Fő utca, das bis heute erhalten ist. Die Dächer weisen auf seine lange Vergangenheit hin. 1950 fand eine Komplettrenovierung statt, eine weitere ist 2019 geplant.

33 Hajógyári Sziget
Von der Werftinsel zur Friedensinsel

Außerhalb der Saison ist es kaum vorstellbar, dass auf diese alte Werft-Insel alljährlich im Sommer Tausende von Musikbegeisterten pilgern. Die restliche Zeit des Jahres verharrt die Insel in einer Art Dornröschenschlaf, und es verirrt sich kaum jemand her. Es sei denn, Mitarbeiter der hier inzwischen ansässigen Firmen oder einige Golfer, die ihre Bälle auf der Driving-Range abschlagen. Im satten Grün erstreckt sich die Insel parallel zum alten Kern von Óbuda. Es ist die größte Donau-Insel, und hier stehen noch einige alte Werftgebäude, Lagerhallen und Fabriken. Doch längst wurden sie ihren ursprünglichen Funktionen enthoben, und es hat sich eine Reihe neuer Unternehmen niedergelassen.

Wo früher Schiffe gebaut wurden und Werftarbeiter hart arbeiteten, wird heute tagsüber in großer Stille, am Wochenende aber mit enormen Bässen, Party gemacht. Im Sommer verwandelt sich die Insel in ein einziges Happening: Beim alljährlich im August stattfindenden »Sziget Festival« treten Showgrößen wie Robbie Williams, David Guetta oder Cro auf. Es gehört zu den größten multikulturellen Veranstaltungen in Europa. Rund 400.000 Musikfans aus Dutzenden von Ländern reisen an und feiern Party ohne Unterlass, sehen Zirkus, Theater und Ausstellungen. Sonst werden die alten Werfthallen als Clubs, Bars und Discos genutzt und ziehen viele junge Leute aus der Stadt an.

Sicher hätte Graf István Széchenyi sich das niemals träumen lassen. Er gründete hier im 19. Jahrhundert die »Óbuda-Schiffswerft- und Maschinenfabrik« und die »Erste Donaudampfschifffahrtsgesellschaft«. Das Werftgelände erstreckte sich damals über einen Großteil der Insel, der Rest wurde weiterhin landwirtschaftlich genutzt. Lange konnte die Insel nur mit der Fähre erreicht werden, erst 1858 wurde eine feste Brücke gebaut. 1927 ließ man das letzte Schiff zu Wasser: den größten Raddampfschlepper der Donau namens »Österreich«.

Adresse Hajógyári Sziget, III. Bezirk, 1033 Budapest; Infos zum Festival: info@sziget.hu oder www.szigetfestival.com | **ÖPNV** S 5 oder Bus 134 bis Szentélek tér und dann über den Bahnübergang Richtung Donau, circa 100 Meter entfernt liegt die Brücke zum alten Werftgelände | **Tipp** Lassen Sie sich mit dem Wassertaxi auf die Insel bringen. Ein kleiner, aber toller Luxustrip (Anbieter zum Beispiel: www.dunarama.hu).

34_Das Hajós-Alfréd-Bad
Schwimmen auf den Bahnen ungarischer Champions

Wer nur im Wasser planschen möchte, der besucht ein anderes Bad. Die Auswahl ist schließlich riesig. Aber wer wirklich sportlich seine Bahnen ziehen möchte – und das wollen in Budapest so einige –, der geht in das Hajós-Alfréd-Bad. Ungarn ist eine Schwimmernation, und bei Wassersportwettkämpfen wurde von ungarischen Sportlern in verschiedenen Disziplinen schon eine große Anzahl von Preisen und Trophäen eingeheimst.

Das Bad ist nach dem ungarischen Architekten und Olympia-Goldmedaillengewinner Alfréd Hajós benannt. Die Medaille gewann er im Jahr 1896 in Athen über hundert Meter Freistil. Außerdem war er ungarischer Leichtathletikmeister, und Fußball in der Nationalmannschaft spielte er ebenfalls. Für den Entwurf des Sportbades erhielt er eine Auszeichnung. Im Jahr 1930 wurde das Schwimmbad gebaut. Eine Gedenktafel vorne am Eingang erinnert an den großen Sportler und Architekten.

Im Hajós-Alfréd-Bad wurde im Sommer 2006 ein Teil der Wettkämpfe der Europameisterschaften im Schwimmen ausgetragen. Genau 80 Jahre, nachdem Ungarn 1926 der erste Austragungsort dieses Ereignisses gewesen war. Für die Europameisterschaften 2006 entstand ein neues 50-Meter-Becken mit zehn Bahnen. Der gesamte Komplex gilt somit als einer der modernsten weltweit. Insgesamt gibt es vier Becken, zwei davon im Freien. Große Tribünen befinden sich um sie herum.

Wie in vielen Sportbädern sind am Morgen immer einige Bahnen für Schwimmunterricht oder eben für richtiges sportliches Training abgetrennt. Die Umkleidekabinen und sanitären Anlagen sind nach wie vor ein bisschen einfach. Und die Damen, die den Besuchern die Schlüssel für die Spinde aushändigen, in denen man seine Sachen unterbringen kann, sind meist nicht gerade zimperlich. Aber vielleicht muss man etwas öfter hier seine Bahnen ziehen, um ihnen ein Lächeln abzuringen.

Adresse Magareteninsel (Margitsziget), VIII. Bezirk, 1138 Budapest, Tel. +36/1/4504200 | **ÖPNV** Straßenbahn 4 oder 6 bis Margareteninsel, dort liegt das Bad linker Hand, oder Bus 26 bis zur zweiten Haltestelle auf der Insel, Hajós Alfréd uszoda | **Öffnungszeiten** Mo – So 6 – 19 Uhr | **Tipp** Im Gebäude, gleich neben den Schaltern für die Eintrittskarten, ist ein kleiner Kiosk. Dort gibt es superleckeres Gebäck. Vor allen Dingen die Dióskifli (Kipferl mit Walnussfüllung) sind unbedingt zu empfehlen. Und Schwimmen macht ja hungrig!

35_Der Handarbeitsstand
Einzigartiges Mitbringsel

Die Große Markthalle ist bei Touristen, aber auch bei den Bewohnern der Stadt, sehr beliebt. Hier gibt es frisches Gemüse, Fleisch, Fisch, Backwaren und Delikatessen und außerdem Besonderheiten aus ganz Ungarn. In der ersten Etage findet sich ein großes Angebot kunsthandwerklicher Souvenirs aus verschiedenen Regionen, das sich allerdings schnell ähnelt.

Etwas Besonderes aber sind die Handarbeiten von Krisztina Tölcsér. Sie bietet Taschen aus Filz in unterschiedlichen Größen und Farben an, die mit ungarischen Mustern und Motiven verziert sind. Es gibt sie in vielen schönen Farbzusammenstellungen, sodass es eine ganze Weile dauern kann, bis die Entscheidung gefallen ist. Fest steht, eine Tasche muss mindestens mit. Wenn nicht auch noch eine als Geschenk für die beste Freundin, die Schwester, Mutter oder das Patenkind. Auf jeden Fall ist eine in den ungarischen Nationalfarben Grün, Rot und Weiß nett, aber auch die in Weiß und zartem Rosa, Grün und Hellblau oder Rot und Grün sind hübsch.

Glücklicherweise gibt es ja so viele unterschiedliche Verwendungsmöglichkeiten: als Portemonnaie, als Schminktäschchen oder als Aufbewahrung für die vielen Karten, die in der Geldbörse stören. Und wem die Taschen nicht gefallen, der sollte überlegen, ob nicht noch ein Kissen für den Hocker oder das Sofa fehlt und unbedingt hier gekauft werden sollte. Denn die gibt es in ähnlich hübschen Farben. Der Stand von Krisztina Tölcsér befindet sich zwischen vielen Anbietern von Tischdecken, und man muss sich etwas auf die Suche machen. Aber nur hier sind die Taschen und Kissen aus buntem Filz zu finden.

Wer sich für Täschchen nicht so interessiert, der kann täglich ab 10 Uhr in der Gaststätte Fakanál (der Holzlöffel) die Zubereitung ungarischer Gerichte erlernen. Oder an den anderen Ständen nach bunt bestickten Dosen, Nadelkissen, bunten Blusen und Tüchern Ausschau halten.

Adresse Große Markthalle, 1. Etage, Népmüvészeti Bolt, Vámház körút 1–3, XI. Bezirk, 1093 Budapest | **ÖPNV** Metro 4 oder Straßenbahn 2, 47 oder 49 bis Fővám tér | **Öffnungszeiten** Mo–Fr 6–18 Uhr, Sa 6–15 Uhr | **Tipp** Weitere schöne Markthallen, wenn auch etwas kleiner, befinden sich in der Hold utca 13 (V. Bezirk) und am Hunyadi tér im VI. Bezirk. Die kleine Markthalle am Klauzál Tér wurde vor Kurzem renoviert und hat neben wenigen Ständen jetzt einen großen Supermarkt.

36 Das Hilda
Food and mood

Hilda heißen manchmal Großmütter. Beim gleichnamigen Restaurant in der Leopoldstadt soll der Name eine Referenz an den Architekten József Hild sein. Er hat das historische Gebäude, in dem das gar nicht großmütterliche Hilda seine Türen 2017 eröffnete, entworfen. Der Pester Stadtbaumeister schuf nach der Flut von 1838 an die 200 Villen, Geschäftshäuser und Stadtpalais im klassizistischen Stil. Und eben das Gebäude in der Nador utca 5, in dem sich nun diese schöne Rotisserie befindet.

Im Mittelpunkt steht hier gegrilltes Huhn, ehemals freilaufend, versteht sich. Was im Hilda auf den Tisch kommt, entdecken Sie gleich beim Betreten des Lokals, ohne einen Blick in die Karte zu werfen. Eine Wand ist mit einem wunderschönen Mosaik bedeckt, das eigens für diesen Ort entworfen und aus Zsolnayer Porzellan hergestellt wurde. Die junge Frau, die das Grillhuhn serviert, schaut verschämt und mit gefärbten Wangen zu Boden. Der Stil der gesamten Einrichtung ist elegant, auch die leicht unregelmäßigen dunkelblauen Kacheln an der Bar unterstreichen den Art-déco-Stil, der den Raum beherrscht. Blau- und Grüntöne werden kombiniert mit Holz, goldenen Lampen und anderen feinen Einrichtungsgegenständen. Alles vermittelt dem Gast elegante Behaglichkeit.

Achten Sie auf die liebevollen Details. Das Logo »H« hat eine weibliche Kurve im Querstrich und taucht auf Servietten, Visitenkarten oder am Fenster auf. Dort ist es dann mit einem goldenen Huhn zu finden. Außer gegrilltem Huhn aus dem Rotisserie-Ofen stehen auch Ente oder Fleisch vom ungarischen Mangalica-Schwein auf der Karte, dazu viele Frühstücksangebote. Die Bedienung im Hilda ist aufmerksam, und man kann in die offene Küche schauen. Beim Verlassen des Gebäudes sollten Sie einen Blick auf den Tiger aus Kalkstein über dem Haupteingang werfen, denn er bewacht das Gebäude bereits seit 1840.

Adresse Nádor utca 5, V. Bezirk, 1051 Budapest, Tel. +36/304309810 | **ÖPNV** mit der Metro 1 bis Vörösmarty tér, das Gerbeaud-Café auf der rechten Seite liegen lassen und immer der Straße folgen | **Öffnungszeiten** Mo–Fr 11.30–23 Uhr, Sa, So 9–23 Uhr | **Tipp** Wenn Sie mehr Lust auf Fleisch haben, gehen Sie in die Markthalle in der Hold utca 13. Dort sind im ersten Stockwerk zahlreiche Ess-Stände. Bei Buja Disznók gibt es große Schnitzel.

37 — Der Hunyadi tér
Ein Platz für seine Anwohner

Natürlich ist er nicht so prächtig wie sein großer Nachbar, die Andrássy út. Aber der Hunyadi tér ist ein sehr schönes Beispiel dafür, wie man sich als Anwohner einen Platz wünscht. Ein Ort, an dem man mit dem Hund eine Runde dreht, sich bei gutem Wetter in die Sonne setzt und am Wochenende die Möglichkeit hat, frisches Gemüse auf dem Markt zu kaufen. Denn der wird hier mehrmals in der Woche abgehalten. Da stehen dann unter den gestreiften Markisen die Bauern aus dem Umland. Mit wettergegerbten Gesichtern, die Frauen häufig mit Kopftüchern. Angeboten werden Gemüse, Früchte und Blumen. Schon einmal frische Kirschpaprika probiert? Ein Spaziergang entlang der Stände ist ein farbenfrohes Erlebnis.

Der gesamte Platz wurde im Jahr 2014 generalüberholt, Wege wurden gepflastert, neue Holzbänke aufgestellt und ein Springbrunnen angelegt. Sogar einen Konzertpavillon gibt es nun hier. An der Ecke zur Csengery und Szófia utca wurde ein kleines Häuschen eingerichtet, das heute als Literaturtreffpunkt dienen soll. Früher befand sich genau hier ein Toilettenhäuschen; das ist doch eine sehr feine Entwicklung. Ein Denkmal, das an den Aufstand 1956 erinnert, fehlt selbstverständlich auch nicht. Umgeben ist der Hunyadi tér von schönen Mietshäusern. Und in der Csengery utca, seiner Begrenzung in Richtung Zentrum, liegt eine der alten Markthallen. Sie ist nicht ganz so groß und hat daher beinahe familiären Charakter. Die Hunyaden, wie man eingedeutscht sagen würde, waren übrigens ein wichtiges Adelsgeschlecht, dem auch der in Ungarn sehr verehrte Matthias Corvinus entstammte.

Im Souterrain der Hausnummer 11 befindet sich außerdem eines der ersten veganen Restaurants der Stadt, das »Kozmosz«. Auch einige Cafés befinden sich in direkter Nachbarschaft zum Platz. In der Cube Coffee Bar werden guter Cappuccino und verschiedene Backwaren angeboten.

Adresse Hunyadi tér, VI. Bezirk, 1067 Budapest | **ÖPNV** Metro 1 bis Vörösmarty utca, dort in gleichnamige Straße nach rechts abbiegen | **Öffnungszeiten** Markt auf dem Platz: Di, Fr und Sa bis 14 Uhr | **Tipp** In der Cube Coffee Bar wird sonntags zwischen 9.30 und 14.30 Uhr auch Brunch angeboten, Reservierung empfohlen. Und im kleinen Laden Marsala Market in der Vörösmarty utca gibt es Gewürze.

38 Das Imre-Varga-Museum
Besuch bei einem berühmten ungarischen Bildhauer

Seine Skulpturen stehen in London, Brüssel und eine ganze Reihe natürlich in Budapest selbst. Das Holocaust-Denkmal hinter der großen Synagoge an der Dohány utca kennen vermutlich die meisten Besucher der Stadt. In das kleine, nur dem Künstler gewidmete Museum in Óbuda hingegen verirren sich nicht so viele. Dabei ist auch dieses einen Besuch wert. Oft war es gar nicht so unwahrscheinlich, Herrn Varga persönlich anzutreffen. Gerne saß er in einem Sessel nahe der Tür, die in den Garten hinausführt. Und meist war er zu einem persönlichen Gespräch bereit. Er spricht sehr gut Deutsch, und das mit einem schönen ungarischen Akzent.

Das Museum wurde 1983 eingerichtet. Hier finden sich viele Modelle für größere Werke, Büsten und Denkmäler. Im schönen Garten stehen Skulpturen von weiteren berühmten ungarischen Künstlern und Dichtern, wie Béla Czóbel (Maler) oder Miklos Radnoti (Schriftsteller); Letzterer kam 1944 auf einem Gefangenenmarsch ums Leben. Schmale, ernste Gesichter, die Konzentration und »Für-sich-sein« ausstrahlen.

Das Werk von Imre Varga ist gewaltig. Er hat für die Kommunisten genauso gearbeitet wie für die Kirche. Er schuf Skulpturen von Konrad Adenauer über Winston Churchill bis hin zu Béla Bartók oder Franz Liszt, aber auch von Lenin. Eines seiner Werke wurde nach 1989 aus dem Budapester Stadtbild entfernt und in den Statuenpark außerhalb der Stadt verfrachtet, wo sich viele der monumentalen Werke der kommunistischen Epoche befinden.

Ein bekanntes Werk ist die Gruppe von Frauen mit Regenschirmen, die ganz in der Nähe des Museums in Óbuda steht. Was malerisch erscheint, soll jedoch von den Geschichten von Gyula Krúdy, der hier im Viertel lebte und über traurige Frauenschicksale schrieb, inspiriert sein. So stehen die Frauen auch nicht wirklich zusammen, jede blickt in eine andere Richtung und ist für sich ihrem Schicksal ausgeliefert.

Adresse Laktanya utca 7, III. Bezirk, 1033 Budapest | **ÖPNV** Metro 2 bis Batthyány tér, von dort aus mit der HÉV (das ist eine Vorortbahn, die zum Beispiel auch nach Szentendre fährt) bis Árpád híd | **Öffnungszeiten** Nov–März Di–So 10–16 Uhr, April–Okt. Di–So 10–18 Uhr | **Tipp** Anschließend kann man bis Szentendre weiterfahren und dort einen Spaziergang durch den hübschen Ort unternehmen.

39 __ Das Innenhof-Juwel
Buntes Leben im Verborgenen

Die großen Budapester Miethäuser, die um 1900 herum entstanden, sind häufig nach einem bestimmten Muster gebaut. Durch den großen Vordereingang gelangt man in den Hausflur, von dem aus es in das Treppenhaus oder, falls vorhanden, zum Lift geht. Der Zugang zu den Wohnungen erfolgt dann, und das ist die Besonderheit, über eine Galerie, die den ganzen Innenhof umgibt. In Wien werden diese als »Pawlatschen« bezeichnet. Wie prächtig diese Galerien ausgestattet wurden, hing natürlich davon ab, für welche soziale Schicht die Häuser gebaut wurden.

So entstanden zum Teil sehr schöne Höfe. Hier spielte sich das nachbarschaftliche Leben ab, wurden einmal in der Woche die Teppiche über Stangen ausgeklopft und wurde getratscht. Ans Ende mancher Gänge stellen sich heute einige Bewohner Tisch und Stühle heraus und haben so einen kleinen Balkon. Oder es werden Topfpflanzen gezogen und an die Balustraden gehängt. Leider sind diese Höfe nicht immer zugänglich, häufig gelangt man nur per Tür-Code ins Innere der Gebäude. Aber dort, wo es Geschäfte im Hof gibt, kann man zumindest tagsüber hinein. In der Kossuth Lajos utca 14 zum Beispiel hat vor kurzer Zeit ein Konzept-Store eröffnet, wodurch es möglich ist, hier einfach hereinzuspazieren. Und dieser Innenhof ist ein Juwel. Prächtige Arkadengänge umgeben ihn über drei Stockwerke und sorgen für ein geradezu bühnenbildreifes Ambiente.

In der Fehér Hajó utca 12–14 ist ebenfalls ein Hof zu besichtigen. Er ist nicht so pompös, aber sehenswert. Dann steht die Erzsébet körút Nummer 23 offen, und in der Múzeum körút 7 gelangt man durch eine Buchhandlung in den Hof. Ein bisschen schubbelig, aber auch sehr schön. Bleibt noch die Rákóczi út 23 zu erwähnen. Ein einfacher Hof, im sonnigen Gelbton der K.-u.-k.-Architektur gestrichen. Ganz sicher entdeckt man auf einem Spaziergang noch weitere Möglichkeiten, in den ein oder anderen Hof hineinzuschauen.

Adresse Kossuth Lajos utca 14, V. Bezirk, 1053 Budapest; Fehér Hajó utca 12–14, V. Bezirk, 1052 Budapest, Erzsébet körút 23, VII. Bezirk, 1073 Budapest | **ÖPNV** Kossuth Lajos ucta, Múzeum körút und Rákóczi út: Metro 2 bis Astoria; Fehér Hajó utca: Metro 2 und Metro 3 bis Déak tér; Erzsébet körút: Straßenbahn 4 und 6 bis Wesselényi utca | **Tipp** Trinken Sie einen Kaffee im altehrwürdigen Restaurant des Astoria-Hotels, das mit seinen Kronleuchtern und roten Samtvorhängen für festliches Ambiente sorgt.

40 Der József Nádor tér

Hier bittet ungarisches Porzellan um Aufmerksamkeit

Nur wenige Meter vom zentralen Vörösmarty tér entfernt, der in die belebte Váci utca mündet, döste er lange Zeit im Dornröschenschlaf. Anfang 2018 wurde der Platz generalüberholt, und mit der Ruhe könnte es vorbei sein. Einige Kontroversen begleiteten die Neugestaltung. Hohe Bäume mussten gefällt werden und die 54 kleinen, zarten Pflanzen, die sie heute ersetzen, werden noch eine ganze Weile brauchen, bis sie wirksam Schatten spenden. Das gefiel vielen Budapestern nicht.

Zentrum des Platzes bildet nach wie vor die Statue, die dem Platz den Namen gibt. Der österreichische Erzherzog Joseph war 50 Jahre ein geschätzter Statthalter Ungarns. Ins Auge fallen einem aber die beiden Brunnen, die zur Bereicherung der Anlage hinzugekommen sind. Hergestellt wurden sie von Ungarns berühmten Porzellanmanufakturen Herend und Zsolnay. Vor allem der sogenannte »Tree of Life« zieht die Blicke auf sich. Feines, durchscheinendes Porzellan, das von innen illuminiert ist, schimmert schon von Weitem. Ein wenig erinnert die Skulptur an eine überdimensionierte Jugendstilleuchte. Sie ist geschmückt mit zarten Blumenranken und bunten Vögeln. Diese sind angelehnt an ein berühmtes Herend-Muster, das 1860 für die Familie Rothschild entworfen wurde. Auf der südlichen Seite des Platzes darf Zsolnay sein Können zur Schau stellen. Hier steht eine Herkules-Fontäne, wie es sie bereits in Pécs oder dem rumänischen Herkulesbad gibt. In vier Meter Höhe steht eine kleine Figur, die so gar nicht nach Herkulestaten ausschaut. Beide Porzellanhersteller haben direkt am Platz große Geschäfte. Deshalb geriet auch das direkte Marketing an einem öffentlichen Ort in die Kritik.

Dass hohe Bäume hier heute fehlen, lässt alles noch ein wenig karg aussehen. Mit ein bisschen Zeit wird aber sicher ein Ort entstehen, an dem man gerne Zeit verbringt und den Brunnen beim Plätschern zuschaut.

Adresse V. Bezirk, 1051 Budapest | **ÖPNV** mit der M1 bis zum Vörösmarty tér, rechts am Gerbeaud-Café vorüber liegt der Platz gleich um die Ecke | **Öffnungszeiten** Herend: Mo–Fr 10–18 Uhr, Sa, So 10–16 Uhr | **Tipp** In Veszprém, circa 120 Kilometer von Budapest entfernt, kann man den Hauptsitz der ungarischen Porzellanmanufaktur besichtigen.

41 Das Kádár étkezde
Hausmannskost in einem authentischen Mittagslokal

Hier hat Sándor Orbán das Sagen. Das wird einem schnell klar, selbst wenn man das kleine Lokal zum ersten Mal besucht. Der Chef persönlich sitzt in seinem schönen weißen Kellnerhemd gleich vorne am Eingang, verteilt die Tische, nimmt teils auch die Bestellungen entgegen und vor allen Dingen: Er kassiert die Rechnungen. Man bezahlt beim Hinausgehen an seinem kleinen Tisch gleich neben der Tür. Und es kann sein, dass er noch darauf hinweist, dass das Trinkgeld nicht im Betrag enthalten ist. Nur so, als kleine Erinnerung …

Auf den Tischen liegen karierte Decken, und große Sodawasserflaschen stehen bereit, aus denen man sich bedienen kann. Zum Essen werden Brot und scharfe Paprikapaste serviert. Alkohol gibt es hier nicht, stattdessen aber hausgemachten Himbeersaft. Es ist ja auch nur am Mittag geöffnet. Die Karte wechselt von Tag zu Tag ein wenig: So gibt es am Dienstag immer Sauerbraten mit Semmelknödeln und am Sonnabend jüdisches Scholet oder Bohnensuppe – allerdings nicht koscher. Das Kalbspaprikasch, das am Freitag angeboten wird, ist sehr zu empfehlen. Die Wände im Inneren sind mit Fotos und Zeitungsausschnitten gepflastert. Fußballer und Boxer hängen dort, und sogar ein Bild von Marcello Mastroianni ist zu sehen, der ebenfalls hier gespeist haben soll. Sein Foto befindet sich selbstverständlich hinter Herrn Orbáns Tisch in Augenhöhe an der Wand!

Das Wort »étkezde« bezeichnet (ebenso wie »kifőzde«) einfache Lokale, in denen es deftige und herzhafte Hausmannskost gibt; auch Leber, Kutteln oder Herz stehen auf der Karte. Oft ist nur zur Mittagszeit geöffnet. Es gibt nicht mehr viele Gaststätten dieser Art in Budapest, und das »Kádár étkezde« erfreut sich schon lange großer Beliebtheit. Es liegt an einem netten Platz des ehemals jüdischen Viertels, sodass man gleich nach dem Essen einen interessanten Spaziergang unternehmen kann!

Adresse Klauzál tér 9, XII. Bezirk, 1072 Budapest | **ÖPNV** Metro 1 bis Opera, ein Stück die Andrássy in Richtung Heldenplatz laufen, dann rechts in die Nagymező utca und immer geradeaus bis Klauzál tér | **Öffnungszeiten** Di – Sa 11.30 – 15.30 Uhr | **Tipp** Ein Lokal ähnlicher Art befindet sich ganz in der Nähe in der Király utca 55 und heißt »Frici Papa«, es hat auch am Abend geöffnet.

42 — Der Károlyi kert
Eine Oase der Ruhe

Ein wunderschöner kleiner Park mitten in Budapest ist der Károlyi kert. Er befindet sich hinter dem Károlyi-Palais, zwischen der Ferency István utca und Henszlmann Imre utca und wurde nach dem Grafen Mihály Károlyi benannt. Der spätere ungarische Botschafter in Frankreich war für nur ein Jahr Premierminister von Ungarn (1918–1919) und stammte aus einer überaus bekannten Familie Budapests. Während der junge Károlyi sich eher durch Spielen und seinen großzügigen Lebensstil hervortat, widmete er sich später ernsteren Themen. Anfangs unterstützte er das bestehende System des Landes, doch mit der Zeit wurde er zunehmend revolutionär und wandte sich schließlich den Linken zu. Aufgrund seiner politischen Haltung musste Károlyi gleich nach seiner kurzen Amtszeit ins Exil gehen. Das Palais seiner Familie wurde wegen angeblichen Hochverrats beschlagnahmt. Das mondäne Stadthaus demonstriert die einstige Bedeutung und den Reichtum der Familie sehr anschaulich.

Nicht ganz so pompös, dafür aber umso schöner ist der Park. Károlyi kert ist der älteste Park der Stadt und gehörte früher ebenfalls der Adelsfamilie. Sogar ein Tennisplatz befand sich damals auf dem Grundstück. Inzwischen ist er längst öffentlich und lockt mit hübschen Beeten, schattenspendenden Bäumen und Bänken. Dazu Statuen, Brunnen und ein Spielplatz, hohe schmiedeeiserne grüne Zäune und ebensolche Eingangstore. Das Ganze umgeben von schönen Bauten. Manch einer hat hier schon die Zeit vergessen: vertieft in ein Buch, in ein Gespräch oder beim Picknick.

Einladend ist die Bar Csendes Társ am Parkeingang Ecke Magyar utca – ein lauschiger Platz mit hübschen Tischen, Stühlen und bunten Windrädern. Csendes Társ ist die kleine Schwester einer der Ruinenkneipen (siehe Seite 170). Als Geheimtipp gilt bisher noch die hausgemachte Limonade. Egal wann, der Park tut gut und beruhigt ungemein.

Adresse Károlyi kert, zwischen Ferency István utca und Henszlmann Imre utca; Csendes Társ, Magyar utca 18, V. Bezirk, 1053 Budapest | **ÖPNV** Metro 2 und Straßenbahn 47 oder 49 bis Astoria oder Metro 3 und Metro 4 bis Kálvin tér, der Park liegt an der Magyar utca | **Öffnungszeiten** täglich 10–23 Uhr | **Tipp** Versuchen Sie, im ersten Stock des Museums im Károlyi-Palais bis zu einem Fenster zu gelangen, von dem aus die Universitätskirche zu sehen ist. Nur von hier ist die Besonderheit zu erkennen: Die Kreuze der Türme stehen nicht parallel zur Fassade.

43 Die Kindereisenbahn
Ein besonders großes Spielzeug

Sie ist ein Relikt aus sozialistischen Tagen. Auch in anderen Ländern des Ostblocks gab es die Kindereisenbahn. In der DDR hieß sie Pioniereisenbahn. Diese wurde ebenfalls von Kindern und Jugendlichen betrieben und verkehrte zum Beispiel in Berlin, Chemnitz oder Dresden. In vielen Orten fahren sie auch heute noch, nun allerdings unter dem Namen Parkeisenbahn.

In Budapest nennt sie sich Kindereisenbahn und führt durch eine landschaftlich sehr reizvolle Strecke. Ihre erste Station befindet sich auf dem Széchenyi hegy. Dort steht ein schlichtes Bahnhofsgebäude, dessen Schalterhalle mit Fresken geschmückt ist, die die jungen Pioniere in ihren Uniformen mit blauem Halstuch darstellen. Hier kauft man die Fahrkarten, bei einem jugendlichen Schalterbeamten selbstverständlich, die dann später im Zug von einem ebenfalls minderjährigen Schaffner entwertet werden.

Alle Kinder sind zwischen 10 und 14 Jahre alt. Allerdings werden sie bei ihren verantwortungsvollen Tätigkeiten von erwachsenen Lokomotivführern und anderen Angestellten der ungarischen Bahn beaufsichtigt. Ansagen und Weichenstellen gehören ebenfalls zu den Aufgaben, die hier mit großem Ernst ausgeführt werden. Das Ganze zählt seit Jahrzehnten zu einem großen Vergnügen für Jung und Alt.

Die Fahrt verläuft in ungefähr 45 Minuten über eine Strecke von 11,2 Kilometern durch die reizvollen Budaer Hügel. Rechts und links liegen Felder und Wälder, und von verschiedenen Haltestellen aus lohnt es sich, Spaziergänge zu unternehmen. Auf jeden Fall sollten die Bahnhöfe Hűvösvölgy und Hárshegy auf einer Fahrt passiert werden, weil sich dort Tunnel befinden, und das ist immer spannend. Von der Station Janos-hegy aus ist nach einigen Minuten Fußweg der höchste Punkt der Stadt zu erreichen. 527 Meter sind das immerhin, und von hier aus genießt man eine tolle Aussicht.

Adresse Beginn der Fahrt ist auf dem Széchenyi-hegy, Golfpálya út, XII. Bezirk, 1121 Budapest, Tel. 0036/1/3975394, www.gyermekvasut.hu/deutsch | **ÖPNV** Straßenbahn 59 oder 61 bis Városmajor, ab dort mit einer Zahnradbahn (60) bis zur Endstation Széchenyi-hegy; dort der Golfpálya út in Richtung Kinderbahn folgen | **Tipp** Im Bahnhof Hűvösvölgy ist ein kleines Kindereisenbahn-Museum eingerichtet. Falls man in der Umgebung eine Wanderung unternehmen möchte, erhält man hier auch richtige Wanderkarten.

44 Das Kiscelli Múzeum
Ein lohnender Aufstieg

Ein gelb getünchtes barockes Gebäude mit einer angrenzenden Kirche, frisch gemähtes Gras, ein schattiger Innenhof mit einigen Statuen und friedliche Ruhe – so empfängt das Kiscelli Múzeum seine Besucher. Früher befand sich hinter diesen Mauern ein Kloster der Trinitarier, eines strengen Ordens der katholischen Kirche. Dann wurde es als Kaserne und Lazarett genutzt, bis schließlich ein Wiener Kunstsammler und Möbelfabrikant das Barockensemble kaufte und instand setzen ließ. Was für ein Glück!

Es liegt etwas abseits in Óbuda oberhalb des Margareten-Krankenhauses, und man muss einige Meter hinaufsteigen. Aber beim Betreten des schönen Innenhofes ist das gleich vergessen. Vor dem Museumsbesuch sollte man sich ruhig noch auf einer Bank ausruhen und die Stille und Atmosphäre hier genießen.

Das »Kiscelli« wirkt auf den ersten Blick wie ein Heimatkundemuseum, doch es gibt viel darin zu sehen: Maschinen, Bilder, Möbel aus drei Jahrhunderten und eine Menge Kunst. Das Besondere ist die Kombination der verschiedenen Gebäude und der sehr unterschiedlichen Exponate. In der Kirche werden moderne Künstler und ihre Werke vorgestellt, und durch die Kombination mit den alten Gemäuern entsteht eine besondere Wirkung. Im Herrenhaus stehen typische Gebrauchsgegenstände der Vergangenheit, Dinge, die einem das frühere Leben vergegenwärtigen; daneben eine beträchtliche Anzahl von Werken ungarischer Maler und Bildhauer. Beachtlich ist auch die Sammlung im ersten Stockwerk. Hier sind bekannte ungarische Künstler ab dem 19. Jahrhundert, wie zum Beispiel József Rippl-Rónai, vertreten. Er gilt in Ungarn als Wegbereiter der Moderne, und auf einem seiner Bilder sind seine beiden Brüder zu sehen. Aber auch bunte und schrille Skulpturen stehen auf dem langen, lichtdurchfluteten Korridor. Seit 2012 ist im Museum außerdem eine herrliche Biedermeier-Apotheke aus Kirschbaumholz zu bewundern.

Adresse Kiscelli Múzeum, Kiscelli utca 108, III. Bezirk, 1037 Budapest, www.kiscellimuzeum.hu | **ÖPNV** Bus 17 bis Szent Margit Kórház, dann auf der Kiscelli utca zu Fuß weiter | **Öffnungszeiten** April–Okt. Di–So 10–18 Uhr, Nov.–März Di–So 10–16 Uhr | **Tipp** Sehenswert in Óbuda ist auch die frühere Synagoge an der Lajos utca, die Anfang des 19. Jahrhunderts gebaut wurde und damals die einzige Synagoge war. Nach dem Zweiten Weltkrieg wurde sie verkauft und Fernsehstudios in dem Gebäude eingerichtet, dann fanden Ateliers darin Platz. Derzeit besteht die Überlegung, ein jüdisches Kulturzentrum einzurichten.

45 Der Kodály körönd
Ein prächtiger Platz mit Kastanien und Platanen

Im Mai 1868 berief Graf Gyula Andrássy eine Konferenz ein, auf der er seine Urbanisierungsvorstellungen bekannt gab. Budapest sollte sich zu einer Großstadt von europäischem Niveau entwickeln. So entstand der Plan einer breiten Achse durch die Stadt in Richtung Stadtwäldchen, benannt nach dem Grafen.

Bei einem Spaziergang die Andrassy út entlang in Richtung Heldenplatz passiert man den imposanten Kodály körönd. Körönd ist das ungarische Wort für Rondeau oder Kreisel, und ausnahmsweise kann man sich bei dieser Vokabel lautmalerisch sogar etwas Rundes vorstellen. Benannt wurde der Platz nach dem ungarischen Komponisten Zoltán Kodály, einem engen Freund von Béla Bartók, bei uns aber weniger bekannt. Er widmete sich vor allen Dingen der Sammlung von ungarischen Volksweisen und beschäftigte sich viel mit Musikpädagogik. Er selbst hatte hier am Kodály körönd auch eine Wohnung, die heute zu einem kleinen Museum hergerichtet ist.

Insgesamt besteht der Platz aus vier großen abgerundeten Gebäudekomplexen. Die Wirkung der prächtigen, zurückgesetzten Häuser wird durch die großen Platanen und Kastanienbäume, die hier stehen, noch hervorgehoben. In der Mitte des Platzes sieht man vier Standbilder von ungarischen Heerführern. In die Fassade des Hauses Nr. 83–85 hat der Architekt József Kauser Elemente der französischen Renaissancearchitektur eingearbeitet. Das Gebäude mit den Hausnummern 88–90 wurde von der MAV, der ungarischen Staatsbahn, erbaut. Die Front zieren Sgrafitti, welche die Wappen der Provinzen darstellen, durch die damals das ungarische Eisenbahnnetz führte. In den letzten Jahren wurde auch der Wohnblock Nummer 87–89 mit seinen schönen Türmen saniert. Hier ist heute das Kodály-Museum untergebracht. Und gegenüber soll ein neues Hotel entstehen. Bleibt zu hoffen, dass der Platz durch weitere Arbeiten seine einstige Pracht wiedererlangt.

Adresse Kodály körönd, VI. Bezirk, 1062 Budapest | **ÖPNV** Metro 1 bis Kodály körönd | **Öffnungszeiten** Kodály-Museum: Mi, Do und Fr 10–12 und 14–16.30 Uhr, aber nur nach Absprache mindestens zwei Tage vorher! E-Mail: kodalymuzeum@lisztakademia.hu | **Tipp** Die Kogart Galerie ein Stück weiter die Straße hinauf ist in einer prächtigen Villa untergebracht und hat das Anliegen, zeitgenössische ungarische Kunst bekannt zu machen (Andrássy út 112, Kogart House: Mo–Fr 10–17 Uhr).

46 Kőleves
Gartenlokal im Shabby-Chic-Stil

Ruinenkneipen, etwas Vergleichbares kennt man aus den 90er Jahren aus Ostberlin. Ein leer stehendes Gebäude oder ein Hinterhof wurde auserkoren, Bierkisten angeschleppt, und schon konnte die Party losgehen. In Budapest hat sich diese Art Nachtleben hauptsächlich im ehemaligen jüdischen Viertel angesiedelt. Junge Leute aus der ganzen Welt kommen hierher, um zu feiern. Für einige ist es am Wochenende sogar der Hauptgrund, die Stadt zu besuchen. Der Charme des Verfalls, der hier immer noch zu spüren ist, zieht viele an. Und die Preise sind immer noch vergleichsweise niedrig. Häufig sind es Höfe oder Baulücken, in denen die Kneipen entstehen. Sie werden mit viel Kreativität eingerichtet. Da baumeln bunte handgefertigte Lampen im Wind, Tische und Bänke sind aus verschiedenen Stilen zusammengemixt, und skurrile Kunstgegenstände schmücken die Wände. Aber längst nicht jede Ruinenkneipe ist heute nur mit Trödel eingerichtet. Die allererste Ruinenkneipe hieß »Szimpla kert«, und sie existiert auch heute noch.

»Kőleves«, zu Deutsch »Steinsuppe«, präsentiert sich ein wenig anders. Am Eingang des Gartenlokals steht ein Schild, das darauf hinweist, dass Gruppen nicht gerne gesehen sind. Zu viele Junggesellenabschiede können richtig laut sein. Die Möbel bestehen auch hier aus zusammengesuchten Gegenständen vom Flohmarkt, und der Stil gleicht anderen Ruinenkneipen. Die Partyszene besucht am Abend meist auch nicht nur einen Club, sondern zieht im Viertel umher. Was den ausgehfreudigen Besuchern unheimlich viel Freude macht, bereitet den Anwohnern eher Unbehagen. Sie finden es manchmal nicht so toll, am Sonntagmorgen Erbrochenes vor dem Hauseingang zu finden, und nächtlicher Lärm bleibt natürlich auch nicht aus. Aber das sind Probleme, mit denen sich jedes Ausgehviertel herumschlägt. In Budapest wird damit mittlerweile eine Menge Geld verdient, denn die Clubs sind zu einem starken Magneten der Stadt geworden.

Adresse Kőleves, Kazinczy utca 37–39, VI. Bezirk, 1061 Budapest; Szimpla kert, Kazinczy utca 14, VII. Bezirk, Überblick auf www.ruinpubs.com | **ÖPNV** Metro 1 bis Opera, von dort sind es wenige Minuten Fußweg. | **Öffnungszeiten** Kőleves: Mo–Do 15–2 Uhr, Fr 15–5 Uhr, Sa 16–5 Uhr, So 16–2 Uhr; Szimpla kert: Mo–Sa 12–3 Uhr, So 9–3 Uhr | **Tipp** Den Madách Imre tér ganz in der Nähe des Déak tér ansehen – ein imposanter Gebäudekomplex aus den 30er Jahren. Und direkt neben dem Kőleves in der Kazinczy utca 41 kann man im gleichnamigen Restaurant gut essen.

47 — Der königliche Wartesaal
Eine geheimnisvolle Tür im Westbahnhof

Budapest hat drei wichtige Bahnhöfe. Einer davon ist der Nyugati Pályaudvar, das heißt Westbahnhof. Die Budapester kürzen es meist ab und sagen einfach Nyugati Pu. Von hier aus fahren die Züge in Richtung Westen, nach Wien allerdings reist man vom Keleti Pu (dem Ostbahnhof) aus. Der Westbahnhof wurde in den Jahren 1874–77 nach Plänen des Architekten Auguste de Serres mit der Firma Gustave Eiffel erbaut. Das Gebäude ist in drei große Blöcke mit jeweils eigener Funktion aufgeteilt. In der Mitte befindet sich die Bahnhofshalle, deren Dachstuhl mit einer Spannweite von 42 Metern seinerzeit als größter überdachter Raum in der Architektur der österreichisch-ungarischen Monarchie galt. Noch heute erscheint sie imposant und beeindruckend.

Läuft man ein Stück linker Hand an den Gleisen entlang, gelangt man nach einigen Schritten an eine große Tür, die immer verschlossen bleibt. Oberhalb sind in Marmor gemeißelt und mit Blattgold hinterlegt die lateinischen Worte zu lesen: »Viribus Unitis«. Das heißt übersetzt »mit vereinten Kräften«, so lautete das Lieblingsmotto von Franz-Joseph I. Hier steht man nämlich vor der Tür des ehemals königlichen Wartesaals. Ob er viel genutzt wurde? So reisefreudig wie seine Frau Elisabeth war Franz-Joseph I. wohl nicht und zudem der neuen Technik gegenüber eher skeptisch eingestellt. Man sollte den Wartesaal unbedingt auch von außerhalb des Bahnhofsgebäudes betrachten, denn hier ist richtig gut zu erkennen, dass er durchaus standesgemäß war: Das Portal mit seinen üppigen Verzierungen sieht wirklich königlich aus. Betreten kann man den Saal aber leider nicht.

Im Bahnhofsgebäude sind viele kleine Läden und Zeitungskioske untergebracht. Fahrkarten kauft man in der im rechten Abschnitt gelegenen Halle. Diese ist ebenfalls sehr schön und die altmodischen Schalter sehenswert, auch wenn man keine Fahrkarte kaufen möchte.

Adresse Nyugati tér, VI. Bezirk, 1062 Budapest | **ÖPNV** Straßenbahn 4 und 6 bis Nyugati Pályaudvar | **Tipp** Im ehemaligen Bahnbetriebswerk des Nyugati Pu ist heute ein Eisenbahnmuseum mit circa 100 ausgestellten historischen Fahrzeugen zu sehen (Vasúttörténeti Muzeum, April–Okt. Di–So 10–18 Uhr geöffnet, www.vasuttortenetipark.hu/de).

48 Die Kugeln am Ministerium

Erinnerung an den »blutigen Donnerstag«

Der ungarische Aufstand von 1956 ist ein Datum in der Geschichte dieses Landes, das keinen Ungarn kaltlässt. Viele verließen im Anschluss daran ihre Heimat, weil sich ihre Hoffnung auf eine bessere Zukunft mit diesem Ereignis endgültig zerschlagen hatte.

Nach dem Tod Stalins 1953 war es in Ungarn, wenn auch zögerlich, zu Veränderungen gekommen. Der reformwillige Imre Nagy wurde als Ministerpräsident eingesetzt. Für viele Ungarn galt er zu diesem Zeitpunkt als der große Hoffnungsträger. Als er 1955 von kommunistischen Hardlinern aus dem Amt gedrängt wird, wächst die Unzufriedenheit in der Bevölkerung. 1956 kommt es zum Aufstand. Arbeiter, Studenten, Soldaten und viele einfache Leute kämpften für mehr Freiheit. Und so mancher rechnete auch mit militärischer Unterstützung des Westens, die jedoch ausblieb. Am 4. November marschiert die russische Armee in der Stadt ein. Die Kämpfe toben, am Ende aber wird der Aufstand niedergeschlagen. 2.500 offiziell registrierte Tote und an die 20.000 Verwundete waren die traurige Bilanz.

Schräg gegenüber vom Parlament steht das Landwirtschaftsministerium, zu dessen Eingang links und rechts eine imposante Kolonnade verläuft. An der Ecke zur Nádor und Báthori utca fallen einem an den Außenmauern des Gebäudes dicke, metallene Kugeln auf. Sie sind hier angebracht, um an den Aufstand zu erinnern, und sollen die Gewehrkugeln symbolisieren, mit denen 1956 auch an diesem Ort geschossen und getötet wurde. Eine kleine Gedenktafel, auch heute noch jederzeit mit Kränzen oder Bändern in den Nationalfarben geschmückt, ist hier ebenfalls angebracht. Darauf steht zu lesen: »Im Gedenken an die Opfer des blutigen Donnerstags. Die Überlebenden«. Der 23. Oktober, der Tag, an dem der Aufstand begann, ist in Ungarn heute Nationalfeiertag.

Adresse Kossuth Lajos tér 11, V. Bezirk, 1054 Budapest | **ÖPNV** Straßenbahn 2 oder Metro 2 bis Kossuth tér | **Tipp** Direkt auf dem Kossuth tér befindet sich eine Gedenkstätte mit Fotos und Erinnerungsstücken an die Ereignisse aus dem Jahr 1956. Und die sehr schöne Alkotmány utca führt direkt aufs Parlament zu. Durch diese Straße fahren die Limousinen, wenn Staatsgäste zu Besuch kommen.

49 Der Kunstgewerbeladen
Folklore aus Budapest

Der Mischka-Krug ist ein sehr typisches Stück ungarischer Folklore. Dabei handelt es sich um einen dickbäuchigen Husaren aus Ton mit farbiger Glasur, der als Karaffe für Wein dient. Dieser Krug gilt als einer der beliebtesten Gegenstände des ungarischen Kunsthandwerks, obwohl es andere Waren mit viel längerer Tradition gibt. Der erste Mischka-Weinkrug soll um 1830 getöpfert worden sein. Die Henkelkrüge zeigen das schemenhafte Gesicht eines Husaren mit Zwirbelbart und Tschako, dem typischen Helm des ungarischen Kavalleristen. Er hat einen lustigen Ausdruck, fast sieht es aus, als würde er einem zuzwinkern. Damit wurde der »Mischka« in Ungarn und über die Grenzen hinaus sehr beliebt. Egal ob als Weinkrug, dekorativer Tischschmuck oder als Sammlerstück in der Vitrine. Je geschickter die Töpfer waren, desto porträthafter gelangen auch die Gesichter, und bald kamen Trinksprüche hinzu. Heute werden die Krüge in erster Linie für Touristen hergestellt.

Einige schöne Exemplare gibt es im Kunstgewerbeladen »Folkart Kézművesház«, in der Régi posta utca, gleich um die Ecke zur Váci utca. Das Geschäft existiert bereits seit über 40 Jahren. Es verfügt über ein großes Angebot traditioneller und moderner ungarischer Volkskunst. Von Töpferwaren und Puppen bis hin zu Kleidung, Decken oder gefilzten Kissen bietet das Geschäft einen guten Überblick über die vielfältige und farbenprächtige Folklore Ungarns.

Laut Geschäftsinhabern soll es in der Stadt früher 80 Geschäfte mit ungarischen Handwerksprodukten gegeben haben. Dieses ist das letzte seiner Art, denn das Interesse an Folklore lässt immer mehr nach. Aber »Folkart Kézművesház« will sich auch weiterhin darum bemühen, die Folklore des Landes am Leben zu erhalten. Hier sind also Produkte aus allen Regionen erhältlich. Und die Verkäuferinnen sind überaus geduldig und sehr freundlich. Es lohnt sich, ein kleines folkloristisches Andenken mitzunehmen – wer weiß, wie lange es die noch gibt.

Adresse Folkart Kézművesház, Régi posta utca 12 (Ecke Váci utca), V. Bezirk, 1052 Budapest, Tel. +36/1/3185143, www.folkartkezmuveshaz.hu | **ÖPNV** Metro 1 bis Vörösmarty tér oder Metro 3 bis Ferenciek tere, Bus 15 und 115 bis Petöfi tér oder Szervita tér | **Öffnungszeiten** Mo–Fr 10–18 Uhr, Sa und So 10–15 Uhr | **Tipp** Wer für seine folkloristischen Puppen irgendwann einen »Arzt« benötigt, findet in Budapest auch eine Puppenklinik. Sie heißt Baba Klinika und befindet sich an der Múzeum körút 5, 1053 Budapest (Tel. +36/1/2672445).

50 __ Das Lángoshäuschen
Eine ideale Zwischenmahlzeit am Stadtwald

Die Ungarn sind genussfreudige Menschen. In Budapest gibt es an jeder zweiten Ecke irgendetwas zu futtern. Verhungern muss man also wirklich nicht, wenn man den ganzen Tag in der Stadt unterwegs ist. Neben den europaweit üblichen Angeboten der Fast-Food-Restaurants gibt es zunehmend Döner- oder Pizzabuden. Ein wirklich typisch ungarischer Imbiss aber ist der Lángos (Langosch ausgesprochen). Das sind Fladen aus einem Kartoffelteig, die schön in Fett ausgebacken werden. Gehaltvoll, aber köstlich.

Ursprünglich bestand der Lángos aus Brotteig, der bei der Brotherstellung beiseitegelegt und an der Öffnung des Ofens nahe der Flamme (láng) mitgebacken wurde. Am Backtag bildete er für die gesamte Familie das Frühstück. Heute wird der Lángos meist außer Haus verspeist. Er ist immer noch ein sehr beliebter, einfacher und leckerer Snack in Ungarn. Lángosbuden findet man häufig dort, wo viele Menschen verkehren: in Schwimmbädern, an Bahnhöfen oder auf Wochen- und Jahrmärkten. Heute wird er manchmal auch in Restaurants angeboten, dann meist als Beilage. Oft wird der Teigfladen mit saurer Sahne verzehrt, oder man streicht mit einem Pinsel noch ein wenig Knoblauchsaft darüber. Es gibt aber auch Lángos mit Käse, Kraut oder Schinken. Sauerrahm heißt übrigens »tejföl«. Bei vielen ungarischen Gerichten bildet er das i-Tüpfelchen, und damit schmeckt auch der Kartoffel-Hefe-Fladen besonders gut.

In dem kleinen Häuschen nahe des Széchenyi-Bades bekommt man verschiedene Varianten. Die einfachste und günstigste kostet umgerechnet circa 1,50 Euro. Der kleine Kiosk ist immer gut besucht, aber Schlange stehen muss man nur selten. Hier gibt es die Klassiker und süße Varianten mit Puderzucker oder Marmelade. Wer keinen dieser schönen Hefeteigfladen probieren möchte, kann es mit kleinen gefüllten Pfannkuchen oder einer großen Brezel versuchen; dafür wird aber keine Garantie übernommen!

Adresse an der Állatkerti út, XIV. Bezirk, 1144 Budapest, gegenüber dem Zoo und etwa 200 Meter vor dem Széchenyi-Bad | **ÖPNV** Bus 72 bis Àllatkert oder Metro 1 bis Heldenplatz | **Öffnungszeiten** Mo – Sa 10 – 18 Uhr | **Tipp** Am Lángoshäuschen kann man nach einem Spaziergang durch das Stadtwäldchen vorbeigehen. Im Retró Büfé am Podmaniczky-Platz, direkt bei der Metrostation »Arany János utca«, gibt es ebenfalls sehr gute Lángos!

51 Das Licht für Batthyány
Erinnerung an einen Kämpfer für die Freiheit

Gleich um die Ecke des Szabadság tér, zu Deutsch Freiheitsplatz, dort, wo die Straßen Hold, Báthory und Aulich utca aufeinandertreffen und einen kleinen Platz bilden, steht das Denkmal für Graf Lajos Batthyány. Inmitten von parkenden Autos flackert das von Móric Pogány entworfene ewige Licht. Und es brennt wirklich immer, so sagt man. Es gibt nämlich eine kleine Anekdote, die erzählt, dass vor Jahren einmal vergessen wurde, das Licht zu erneuern. Daraufhin sei ein empörter Aufschrei durch die Presse der ungarischen Hauptstadt gegangen. Seitdem wird wieder fürsorglich auf das Licht geachtet.

Graf Lajos Batthyány war einer der Aufrührer, die im Freiheitskampf von 1848 ihr Leben ließen. Damals suchten die Ungarn Unabhängigkeit vom habsburgischen Reich. Angefacht durch die französische Februarrevolution, griff der republikanische Geist, um den in diesem Jahr in weiten Teilen Europas gerungen wurde, auch auf das Land in seiner Mitte über. Für geschichtsbewusste Ungarn bis zum heutigen Tag ein Ereignis von großer Bedeutung. Graf Batthyány stammte aus einer alten und weitverzweigten Adelsfamilie, die damals zu den bedeutendsten des Landes gehörte. Er zählte mit seinen Ansichten zum gemäßigten Kreis der Aufständischen. Sein Bestreben war es, mit Habsburg zu verhandeln. 1848 wurde er für kurze Zeit der erste Ministerpräsident einer ungarischen Republik.

Nach einem kurzen Traum von Freiheit wurde der Aufstand von den Habsburgern mit Hilfe der russischen Armee brutal niedergeschlagen. Die Aufrührer wurden zum Tode verurteilt. 13 Generäle der ungarischen Armee wurden hingerichtet. Graf Batthyány, der versucht hatte, sich selbst mit einem Messer zu töten, wurde eben hier an diesem Platz am 6. Oktober 1849 erschossen – weil er am Hals verletzt war, konnte man ihm keine Schlinge um den Hals legen. Das Denkmal für ihn wurde 1926 errichtet.

GRÓF BATTHYÁNY LAJOS EMLÉKÉNEK

Adresse wo Báthory utca, Hold utca und Aulich utca aufeinandertreffen und einen Platz bilden, 1054 Budapest, V. Bezirk | **ÖPNV** Bus 15 bis Hold utca oder Metro 2 bis Kossuth Lajos tér und zu Fuß durch die Báthory utca | **Tipp** Am Platz liegt ein niedliches, kleines Café, das »Java Caffé«, bei schönem Wetter kann man hier auch draußen sitzen.

52 Das Lindenbaum-Haus
Symbolträchtige Fassade

Oberhalb der grünen Tür, die im Vergleich zur Fassade eher schlicht ist, verläuft über die ganze Breite des Lindenbaum-Hauses ein Relief mit herrlichen goldenen Pfauen. Zwei ebenfalls dank Restaurierung gold glänzende Frauenfiguren sehen aus, als versuchten sie sich mit ihren hochgereckten Armen verzweifelt vor den Schlangen zu retten, die sich um ihre Beine schlängeln. Zwischen den Fenstern entspringen die Baumwurzeln, die Äste breiten sich dann weit aus und treiben grüne Blätter. Unterhalb der obersten Fensterreihe sind Sonne, Mond und Sterne dargestellt. Dazwischen steigen Vögel in einem Schwarm in die Lüfte. Also unten Symbole für die Erde, oben für den Himmel. Da kann man anfangen zu deuten: Pfauen – ein Symbol für die Eitelkeit? Und die zwei goldenen Frauen, wollen sie sich vor der Versuchung retten? Wie es gemeint ist, ist schwer herauszufinden. Aber dass die Malerei außergewöhnlich schön ist, daran besteht kein Zweifel.

Erbaut wurde das sogenannte Lindenbaum-Haus in den Jahren 1896/97 von Spiegel Frigyes und Weinréb Fülöp. Sie gehörten zu der großen Anzahl jüdischer Architekten, die um diese Zeit in der Hauptstadt des Landes viele Gebäude entwarfen. Manche Stimmen sagen, dass diese Tatsache heute zu wenig Beachtung fände.

Spiegel Frigyes jedenfalls baute – erst gemeinsam mit Weinréb Fülöp, später mit einem anderen Partner – eine ganze Reihe von Häusern, und viele davon stehen auch heute noch. Seine Architektur orientierte sich eher am westlichen Jugendstil, an den Arbeiten Otto Wagners zum Beispiel. Das ist beim Lindenbaum-Haus auch besonders gut zu erkennen.

Es erinnert ein wenig an die beiden Gebäude an der Wienzeile gegenüber dem Naschmarkt in Wien. 1903 eröffnete Spiegel außerdem ein Geschäft mit Einrichtungsgegenständen. Das Kunstgewerbemuseum zeigt in seiner Sammlung ebenfalls Stücke, die von ihm entworfen wurden.

Adresse Izabella utca 94, VI. Bezirk, 1064 Budapest | **ÖPNV** Metro 1 bis Vörösmarty utca, eine Straße weiter in Richtung Heldenplatz links in die Izabellastraße einbiegen; oder Bus 73 bis Izabella utca | **Tipp** Weitere Gebäude von Spiegel Frigyes stehen in der Bajcsy-Zsilinszky út 63, Jókai utca 40 und in der Andrássy út 101 (sogenannte »Schanzer-Villa«).

53 Das Literaturmuseum
Sprudelnde Idee

Der Brunnen schräg gegenüber vom Universitätsgebäude am Egyetem tér 1–3 gehört zweifelsohne zu den außergewöhnlichen der Stadt. Erst bei genauerem Hinschauen ist zu erkennen, dass hier nicht einfach ein Buch aus Stein geschlagen und bearbeitet wurde, sondern dass es sich hierbei um einen Brunnen handelt: Das hervorsprudelnde Wasser ist in einer Linie angelegt und hebt sich langsam zur Mitte hin, um dann umzukippen. Die Seiten des Buches werden so kontinuierlich »umgeblättert« (allerdings nicht in den Wintermonaten). Vielleicht soll dieses Kunstwerk auch auf das gleich nebenan beheimatete Literaturmuseum hinweisen.

Der Brunnen wurde 2012 am Tag des Buches eingeweiht. Er symbolisiert die Liebe zum Buch, zum Lesen, Lernen und zur Kultur und gehört zum Universitätsgebäude der juristischen Fakultät. Geschaffen wurde er von Hajnalka Kalászi (Idee), Gergely Kelecsényi (Design) und József Szita (Technik).

Im Petőfi Literaturmuseum, dessen Räume im ehemaligen Palais der Familie Károlyi untergebracht sind, werden die wichtigsten literarischen Sammlungen des Leselandes Ungarn aufbewahrt und gezeigt. Dazu zählen Beiträge von und über den international bekannten Sándor Márai genauso wie Literatur ehemals verfolgter Schriftsteller. Das Museum ist nach einem der berühmtesten ungarischen Literaten benannt: Sándor Petőfi war Dichter und Freiheitskämpfer zugleich. Er gilt als Volksheld der ungarischen Revolution von 1848. Nach ihm wurde auch eine der Brücken in Budapest benannt. Hier im Museum wird sein Gedankengut und das vieler anderer bedeutender Schriftsteller Ungarns gepflegt. Dazu zählen Korrespondenzen, Ton- und Filmaufnahmen, Fotos, Zeitschriftenausschnitte, Gemälde oder Gebrauchsgegenstände, die jeweils in verschiedenen Ausstellungen zu sehen sind. Eine Gelegenheit, das Palais zu besichtigen, bietet sich auch bei den regelmäßig stattfindenden Veranstaltungen.

Adresse Petöfi Irodalmi Múzeum (Literaturmuseum), V. Bezirk, Károlyi utca 16, 1053 Budapest, www.pim.hu | **ÖPNV** Metro 3 und Metro 4 oder Straßenbahn 47 und 49 bis Kalvín tér | **Öffnungszeiten** Di–So 10–18 Uhr (deutschsprachige Audioguides erhältlich) | **Tipp** Drei Straßenecken weiter vor dem Nationalmuseum im Garten befindet sich Budapests berühmteste Treppe. Hier soll Sándor Petöfi sein Nationalgedicht vorgetragen haben. Das gilt heute als unwahr. Doch die Treppe erfreut sich weiterhin großer Beliebtheit.

54 Das Lukács-Bad
Rührende Votivtafeln im Innenhof

Bei den Touristen ist das Lukács-Bad nicht so beliebt wie bei den Einheimischen. Zu extravagant sind die Bauten der anderen, berühmteren Bäder der Stadt. Aber auch die Ursprünge dieser Anlage, benannt nach dem heiligen Lukas, stammen schon aus frühen Zeiten. Sein heutiges Aussehen erhielt es 1842. Damals wurde es im klassizistischen Stil von József Hild erbaut, und ab 1894 war es das größte und beliebteste Bad der Stadt.

Im Innenhof des Gebäudes ist links des Eingangs eine Reihe von Gedenktafeln zu sehen. Badegäste, die im Lukács-Bad ins heilende Wasser tauchten und sich anschließend besser fühlten, nicht mehr so starke Schmerzen hatten oder sich sogar von ihren Gebrechen geheilt fühlten, ließen diese Tafeln hier anbringen. Da steht auf einer einfach nur »Köszönöm« (eines der Worte, die man bei einem Besuch in der Stadt vielleicht lernen sollte, denn es heißt »danke«). An anderer Stelle bedankt sich ein Mann in deutscher Sprache für die Befreiung von seinem Rheumaleiden.

Aus dem ganzen Habsburgerreich reiste man einst hierher, um zu kuren. Budapest ist nach Reykjavik die Hauptstadt mit den meisten Thermal- und Heilbädern. Deshalb darf es sich auch Kurbad nennen. An mehr als 130 Stellen entspringen warme Quellen mit Temperaturen zwischen 22 und 76 Grad Celsius.

Neben den Becken und Anlagen für therapeutische Behandlungen im Inneren der Badeanstalt gibt es zwei große Außenbecken. Am schönsten ist es dort im Winter. Dann dampft das warme Wasser in der kalten Luft und hüllt alles in eine geheimnisvolle Atmosphäre. Kreisförmig angelegte Sitzbänke machen den Aufenthalt im Wasser komfortabler. Im Eingangsbereich, dort, wo man die Eintrittskarten kauft, steht ein wunderschöner türkisfarbener Brunnen. Manchmal ist zu beobachten, dass Einheimische hier das Heilwasser in ihre mitgebrachte Plastikflaschen abfüllen und damit zuversichtlich von dannen ziehen.

Adresse Frankel Leo út 25–29, II. Bezirk, 1023 Budapest, www.lukacsfurdo.hu/de | **ÖPNV** Straßenbahn 4 oder 6 bis Margarethenbrücke auf der Budaer Seite, dann etwa 5 Minuten Fußweg | **Öffnungszeiten** täglich 6–22 Uhr Uhr | **Tipp** Ein authentisches Café im Stil der 60er, das »Bambi Presszó«, befindet sich in der Frankel Leo út 2–4 (Mo–Fr 7–22 Uhr, Sa und So 9–22 Uhr geöffnet).

55 Das Mai-Manó-Haus
Das beste Atelier in der Stadt

Mai Manó oder Emanuel Mai lebte von 1855 bis 1917 in Budapest und war ein kaiserlich-königlicher Hoffotograf. Zu seiner Zeit war dies ein äußerst angesehenes Handwerk, das noch nicht viele Menschen beherrschten. Schon als junger Mann im Alter von 23 Jahren eröffnete Manó sein erstes eigenes Fotogeschäft auf dem Prachtboulevard Andrássy út, und bald hatte er den Ruf, der beste Kinderfotograf in ganz Ungarn zu sein. Sein Ruhm brachte Manó auch finanziellen Wohlstand, sodass er sich sein eigenes repräsentatives Atelierhaus in der Nagymező utca 20 bauen und einrichten lassen konnte. Das Besondere dieses Hauses war seinerzeit (und ist es bis heute) das eigene Tageslichtstudio im Dachgeschoss. Zwischenzeitlich waren hier Institutionen wie ein Kabarett oder der Budapester Automobilclub untergebracht, bei der Restaurierung wurde der ursprüngliche Zustand aber sorgfältig wiederhergestellt, sodass es heute zu den wenigen erhaltenen Atelierhäusern dieser Art in Europa gehört.

Seit 1999 ist im Mai Manó Ház das »Haus der Fotografie« zu Hause. Auf drei Ebenen werden Wechselausstellungen mit historischen und zeitgenössischen Fotografien gezeigt: in der ersten Etage Ausstellungen der André Kertész Galéria, in der zweiten der George Eastman Gallery, und in der dritten werden die Bestände der József Pécsi Library verwahrt. Die Ausstellungen lohnen sich für jeden Fan der Fotografie. Außerdem gibt es eine kleine Buchhandlung, in der interessante Fotobände angeboten werden.

Auch das Atelier im dritten Stock ist sehenswert, ebenso die Aussicht von hier auf die Nagymező utca – eine der Amüsiermeilen Budapests – mit ihren Kabaretts, Theatern und Lokalen. Das gesamte Wohnhaus, die Einrichtung und bunten Fenster, die knarrenden alten Treppen und andere Details, ist etwas Besonderes. Und vom Café im Erdgeschoss aus lässt sich das Treiben der Stadt wunderbar beobachten.

Adresse Magyar Fotográfusok Háza – Mai Manó Ház, Nagymező utca 20, V. Bezirk, 1065 Budapest, Tel. +36 30 1674034, www.maimano.hu | **ÖPNV** Metro 1 bis Opera und dann nach links in die Nagymező utca | **Öffnungszeiten** Di–So 12–19 Uhr | **Tipp** Ein weiteres Atelierhaus befindet sich in der Kelenhegyi út 12–14, in der Nähe des Gellért Hotel. Es ist ein hellblaues Jugendstilhaus von Gyula Kosztolányi-Kann, in dem noch immer Maler und Bildhauer wohnen.

56 Der Mátyás tér
Bunte Vielfalt

Der achte Bezirk in Budapest ist ein abwechslungsreiches Viertel. Jahrelang galt es als prekär. In der Nähe des Nationalmuseums gibt es eine Reihe von herrschaftlichen Adelspalästen und netten Cafés, während es um den Mátyás tér immer noch etwas wilder aussieht. Hier warten viele Gebäude auf ihre Renovierung.

Nicht selten trifft man auf Obdachlose und Alkoholiker, die sich in Hauseingängen niedergelassen haben. Die großen Plattenbauten in der Nachbarschaft des Platzes sind teilweise in schockierendem Zustand.

Die Josefstadt, wie man den achten Bezirk auch nennt, zählt zu den ältesten Bezirken Budapests. Hier sind viele Roma zu Hause. In der Tavászmező utca, die aus südwestlicher Richtung auf den Platz führt, ist das erste Roma-Parlament Ungarns untergebracht. Dessen Treppenhaus überrascht den Besucher mit Fresken von Karoly Lotz. Heute gibt es alternative Stadtführungen, die auch bis zu den Geheimnissen dieses vielfältigen Viertels vordringen.

Der Mátyás tér ist von einigen schönen alten Gebäuden umgeben. Auffallend ist das Haus in der Nummer 4, der sogenannte »Magda-Hof«. Grüne Fenster, grüne halbrunde Balkone und dicke Engel mit Lockenköpfen schmücken das Relief. In der Mitte des Platzes steht ein unauffälliges Denkmal. Es ist die Büste eines Jungen, der mit 16 Jahren starb. Sándor Bauer hatte sich am 20. Januar 1969 auf den Stufen vor dem Nationalmuseum mit Benzin übergossen und angezündet. Er starb kurz darauf an seinen Verletzungen. Durch seine extreme Tat wollte er sich mit dem jungen Tschechen Jan Palach solidarisieren, der sich kurz vorher auf die gleiche dramatische Weise auf dem Wenzelsplatz in Prag getötet hatte. Beide demonstrierten mit ihrer Tat gegen das Diktat und die Anwesenheit der sowjetischen Armee in ihren Ländern. Bis Ende der 80er Jahre wurde in der Öffentlichkeit nicht über die Tat Sándor Bauers gesprochen.

Adresse Mátyás tér, VIII. Bezirk, 1046 Budapest | **ÖPNV** Bus 99 bis Mátyás tér | **Tipp** »Beyond Budapest« bietet eine ganze Reihe interessanter Führungen durch den VIII. Bezirk an, sehr empfehlenswert (Näheres dazu unter www.beyondbudapest.hu).

57 __ Das Mazel Tov
Viel Erfolg!

Mazel Tov kommt aus der jiddischen Sprache und heißt »viel Glück« oder »viel Erfolg«. Genau das ist es, was den Betreibern des gleichnamigen Lokals weiterhin zu wünschen ist. Das neue Lokal befindet sich im alten jüdischen Viertel Budapests und zählt zu den vielen Ruinenbars, die hier entstanden. Doch von Ruine kann hier nicht mehr die Rede sein.

Im Grunde ist das Mazel Tov ein enorm hoher und schmaler Innenhof, der mit einem gläsernen Dach überbaut wurde. Dann wurden eine Bar mit bunten Kacheln und beträchtlicher Länge und dazu schöne Tische und Stühle im zeitgemäßen Stilmix aufgestellt und Industrielampen aufgehängt. Im Juli 2014 eröffnete das Lokal seine Türen und avancierte schnell zum Star.

Aber nicht nur die Location ist besonders, auch die jungen Mitarbeiter sind äußerst freundlich. Am Eingang wird man herzlich begrüßt und bekommt einen kleinen Tee gereicht. Lächelnd werden Fragen beantwortet und Fotos geduldet – auch wenn der Ansturm mittlerweile groß ist. Kein Wunder, denn das Essen ist ebenfalls lecker! Im Mazel Tov gibt es delikate und gesunde Gerichte. Die Küche ist mediterran bis orientalisch: pikante Spieße, Hummus, frisches Brot, gefüllte Teigtaschen, aber auch Salate oder fein zubereitetes Gemüse. Und dann selbstverständlich gute Cocktails, viele tropische und fruchtige Getränke oder ungarischen Pálinka. Sogar koscherer Wodka ist hier auf der Karte zu finden.

Hier stimmen das Ambiente und die Atmosphäre, das Personal und das Essen dazu, und all das zu fairen Preisen im so beliebten jüdischen Viertel. Abends finden häufig Konzerte und Performances statt, Ausstellungen und Diskussionsabende sind außerdem geplant. Die Eigentümer wollen damit einen Treffpunkt für die Einheimischen schaffen. Für alle Besucher Budapests ist das Mazel Tov der perfekte Ort, um ein lebendiges Viertel kennenzulernen und einige Spezialitäten auszuprobieren.

Adresse Akácfa utac 47, VII. Bezirk, 1074 Budapest, www.mazeltovbudapest.tumblr.com | **ÖPNV** Tram 4 und 6 bis Wesselényi utca oder Metro 2 bis Blaha Lujza tér | **Öffnungszeiten** Sa–Mi 10–1 Uhr, Do–Fr 10–2 Uhr, Reservierung unter Tel. +36/70/6264280 | **Tipp** Gleich nebenan in der Akácfa utca 47 befindet sich Fogasház. Es wirbt damit, der größte »ruin pub complex« der Stadt zu sein … Für denjenigen, der es mag!

58 McDonald's im Spiegelsaal
Fast Food mit Ambiente

Schon der berühmte Ingenieur Gustave Eiffel war begeistert von Budapest. Der Erbauer des Eiffelturms in Paris ist auch verantwortlich für den Bau des Westbahnhofs, der von seinem Mitarbeiter Auguste de Serres 1877 fertiggestellt wurde. Das Bauwerk ist beeindruckend. Es gibt viele architektonische Raffinessen zu entdecken, aber auch interessante Entwicklungen und Geschichten. Da ist das große ehemalige Bahnhofsrestaurant zum Beispiel, das sich rechts vom Haupteingang im östlichen Flügel befindet. Wo früher in wahrhaft königlicher Atmosphäre die Zeit bis zur Abfahrt des Zuges bei einem Kalbspaprikasch überbrückt werden konnte, befindet sich heute eine der schönsten McDonald's-Filialen, die man sich vorstellen kann. Eine wahrlich beeindruckende Geschäftsstelle und wohl die einzige mit einem solchen Ambiente. Riesig hohe Decken, dekorative Kugellampen und messingfarbene Handläufe und Griffe unterstreichen den nostalgischen Pomp.

Das Bahnhofsgebäude war über die Jahrzehnte immer sanierungsbeürftiger geworden, und die Stadt suchte 1990 Investoren. Da kam das Angebot des Fast-Food-Konzerns gerade recht, und als Gegenleistung durfte McDonald's im rechten Flügel des Gebäudes einziehen. Mit der Renovierung wurde bald begonnen, und das Ergebnis kann sich wirklich sehen lassen. Die architektonischen Besonderheiten des Saales wurden wunderbar den Anforderungen eines Schnellrestaurants angepasst. Heute gibt es hier Fast Food in Kaffeehausatmosphäre. Zum kulinarischen Angebot muss ja nicht viel gesagt werden, doch es ist empfehlenswert, sich im oberen Teil des Restaurants niederzulassen und den Saal von hier aus ausgiebig zu betrachten. Lustigerweise liegt der Westbahnhof im Osten der Stadt, doch die Züge fahren Richtung Westen. Der Weg lohnt sich auch, um die schöne Schalter- und Bahnhofshalle und den königlichen Wartesaal zu besichtigen.

Adresse McDonald's Nyugati, Teréz körút 55, VI. Bezirk, 1066 Budapest, Tel. 0630/680/5002 | **ÖPNV** M3 oder Straßenbahn 4 und 6 bis Westbahnhof (Nyugati Pályaudvar) | **Tipp** Im IX. Bezirk gibt es eine andere besondere Burgerbude: In einem Wohnmobil werden im »Bodega« in der Soroksári út 58 mexikanische Spezialitäten und Burger zubereitet, die satt und zufrieden machen.

59 Memories of Hungary
Zu Ehren eines ungarischen Idols

Er war ein Gott, ein Held und wurde von seinen Landsleuten über Jahrzehnte bedingungslos geliebt und verehrt. In den 1950er Jahren war er populärer als viele Stars, Nobelpreisträger, Künstler oder Politiker seines Landes: Ferenc Puskás. Der Mann war ein begnadeter Fußballspieler, ein brillanter Stürmer, und er hatte ein »wundervolles« linkes Bein, wie Weltstar Pelé einst über ihn sagte. Das zu wissen ist hilfreich, wenn man die ungarischen Andenkenläden durchstöbert. Zum Beispiel den Souvenirladen »Memories of Hungary«, der eine große Auswahl an Souvenirs von Ferenc Puskás hat.

Auch das unweit vom Geologischen Institut entfernte Stadion, in dem heute die ungarische Nationalmannschaft trainiert, wurde nach Puskás benannt. Auf den kleinen Mann aus Kispest, einem proletarischen Vorort von Budapest, trifft man in Budapest häufiger.

1927 wurde Puskás geboren, mit 18 Jahren spielte er zum ersten Mal in der ungarischen Nationalelf. 84-mal trat er für Ungarn an und schoss unglaubliche 83 Tore, 32 Spiele gewann das Team in Folge! Legendär wurde der Sieg gegen die Engländer, die damals als unbesiegbar galten. Die einzige Niederlage hatte diese Mannschaft beim Finale in Bern, dem sogenannten Wunder von Bern, als sie gegen Deutschland verloren. Er hätte sicher noch mehr Tore für sein Land geschossen, doch nach den Unruhen und Aufständen von 1956 verließ auch Puskás seine Heimat. Zwei Jahre wurde er gesperrt, dann konnte er seine Karriere bei Real Madrid fortsetzen. Als er 1981 nach Budapest zurückkehrte, waren die Ungarn begeistert!

Im November 2006 verstarb er, und seitdem wird das schönste Tor der Saison mit dem FIFA-Puskás-Preis geehrt, eine Metrostation erhielt seinen Namen, in Óbuda steht Puskas als kickende Bronzefigur. An seine Heldentaten als Fußballer wird man besonders bei Memories of Hungary erinnert und darf sie sogar mit nach Hause nehmen!

Adresse Memories of Hungary, Hercegprimás utca 8, 1051 Budapest | **ÖPNV** Metro 1, 2 und 3 bis Deak Ferenc tér, von dort Richtung Stefans-Basilika in die Hercprimás utca; der Laden liegt auf der linken Seite | **Öffnungszeiten** täglich 9 – 21 Uhr | **Tipp** In der Istvánmezei út 3 – 5 befindet sich das ungarische Olympia- und Sportmuseum. Hier sind Fotos, Filme, Medaillen und Dokumente berühmter aktueller und früherer ungarischer Sportler zu sehen (www.sportmuzeum.hu, Tel. +36/1/4714108).

60 Das Mihály-Károlyi-Denkmal
Heutiger Umgang mit ungarischer Geschichte

Gleich neben dem Parlament ist vor einiger Zeit ein großes unterirdisches Center entstanden, in dem Touristen ihre Tickets für einen Besuch im ungarischen Regierungsgebäude kaufen können. Rechts davon befand sich bis zu den Bauarbeiten ein kleiner Park. Hier gab es außerdem einige Bänke, auf denen man sich ausruhen oder auf die Donau blicken konnte. Und dann gab es dort ein Denkmal, das an den Grafen Mihály Károlyi erinnerte. Geschaffen hatte es im Jahr 1975 Imre Varga, der Bildhauer, von dem es in Budapest eine ganze Reihe von Statuen gibt (s. Seite 84). Da stand lange Zeit ein schlanker, alter Herr mit einem schmalen, strengen Gesicht, gestützt auf einen Stock unter einer Art Torbogen, mit dem Rücken zur Donau.

Graf Mihály Károlyi entstammte einer alten reichen Aristokratenfamilie, und er wurde im Jahr 1918 zum ersten Ministerpräsidenten der jungen ungarischen Republik ernannt. Seine Amtszeit währte allerdings nicht lange. Es heißt, er sei idealistisch gewesen, habe sich aber zum Politiker nicht so recht geeignet.

Heute befindet sich dort, wo einst an ihn erinnert wurde, eine noch etwas leer wirkende Rasenfläche mit neu gepflanzten, spärlichen Bäumchen. Das Denkmal des glücklosen Grafen wurde bis zu seiner Entfernung häufig geschändet; unter anderem von Mitgliedern der rechten Jobbikpartei, die ihm eine Kippa aufsetzten und ein Schild um den Hals hingen, auf dem die Worte »Ich bin schuld an Trianon« geschrieben standen. (Im Vertrag von Trianon 1921 wurde Ungarn auf ein Drittel seiner ursprünglichen Größe reduziert.) Der Graf gilt heute als kommunistisch, obwohl er wohl eher links im Sinne von für die Schwächeren einstehend genannt werden könnte. Auch aus den Straßennamen wurde sein Vorname entfernt. Über die alten Schilder wurde quer ein roter Balken geklebt. In Ungarn wird Geschichte heute neu und anders geschrieben.

Adresse rechts vom Parlament und Ticket-Center, ungefähr Ecke Balassi Bálint utca, V. Bezirk, 1055 Budapest | **ÖPNV** Straßenbahn 2 bis Parlament fahren oder Metro 2 bis Kossuth Lajos tér und den Rest zu Fuß gehen | **Tipp** In der Balassi Bálint utca befindet sich der schöne Delikatessenladen »Culinaris«. Hier kann man stöbern und einige feine Schokoladen, Kekse oder hübsch verpackte Gewürze entdecken.

61 Der Millenáris-Park
Erholung zwischen Fabrikgebäuden

Früher liefen die Fabrikarbeiter der Gusseisen- und Elektrofirma Ganz über das Gelände. Um ein wenig frische Luft zu schnappen oder auf der Suche nach einem Platz zum Verschnaufen saßen sie hier während ihrer Frühstücks- oder Mittagspause, bevor sie am Abend müde zu ihren Familien heimkehrten. Lange Jahre galt das ganze Viertel rund um den Millenáris-Park als trostlose Arbeitergegend.

Heute stehen hier zwar immer noch einige Fabrikgebäude, doch sie haben eine völlig andere Funktion bekommen: sie dienen der Unterhaltung und Erholung. Das gesamte ehemalige Fabrikgelände wurde begrünt und mit einem Spielplatz, einem kleinen See, einigen Bänken und Buden ausgestattet. Der Millenáris-Park wurde 2001 eröffnet und befindet sich ganz in der Nähe des Einkaufszentrums »Mammut« in der Kis Rókus utca. Die einstigen Produktionshallen wurden restauriert und bekamen neue Funktionen. In der »unsichtbaren Ausstellung« erfährt man die Umgebung durch Fühlen, Riechen und Hören. Eine große Messe zeitgenössischer Kunst findet alljährlich statt, die es sich zum Ziel gesetzt hat, Aufmerksamkeit auf Künstler aus Mittel- und Osteuropa zu richten. Künstler und Publikum sollen zusammenkommen und Interessantes über die Einzigartigkeit dieser Regionen erfahren. Auch beim kürzlich eröffneten Nationalen Tanztheater handelt es sich um ein ehemaliges Industriegebäude, das modern erweitert wurde. Fließende Formen und Glas schaffen einen Übergang zum Park. Im »Palast der Wunder« befindet sich ein Indoor-Spielplatz.

Die Umgestaltung des Parkes wurde mit dem Europa-Nostra-Preis ausgezeichnet. Es ist regelrecht spürbar, dass hier eine neue Zeit angebrochen ist. Es entstand ein innovatives Areal, das vielen Anwohnern und Besuchern Entspannung und Muße beschert. Die gesamte Umgebung befindet sich im Umbruch, und es zieht immer mehr Budapester hierher, besonders in den Sommermonaten – und das sicher nicht nur, um die Kinder für ein paar Stunden abzugeben und im Einkaufszentrum Mammut shoppen zu gehen.

Adresse Fény utca 18–20/ Kis Rókus utca 16–22, II. Bezirk, 1024 Budapest, Tel. +36/1/3364000, www.millenaris.hu | **ÖPNV** Metro 2 bis Széll Kálmán tér oder Straßenbahnen 4 und 6 bis Mechwart liget | **Öffnungszeiten** Park: täglich 6–23 Uhr, Palast der Wunder: Mo–Fr 9–19 Uhr, Sa und So 10–20 Uhr | **Tipp** Am Einkaufszentrum Mammut steht ein wenig beachtetes Denkmal. Dort befand sich 1956 eines der Zentren des Widerstandes gegen die Sowjets.

62 Die Modehalle
Das schönste Café der Stadt

»Divatcsarnok« heißt auf Deutsch Modehalle, doch Mode gibt es hier schon ewig nicht mehr. In der Andrássy út 39 befand sich einst das erste moderne Kaufhaus Budapests, das »Pariser Kaufhaus«. Zur einen Seite hin wurde es im Secessions- (Richtung Andrássy), zur anderen im Neorenaissance-Stil (Richtung Paulay Ede utca) erbaut. 1903 brannte das Kaufhaus vollkommen aus, 1911 wurde es wiedereröffnet. Aus dieser Zeit stammen die gläserne Dachkonstruktion über dem Innenhof und die verspiegelten Aufzüge. Nachdem die Eigentümer im Zweiten Weltkrieg aus Ungarn fliehen mussten, stand das Gebäude lange Zeit leer, wurde verstaatlicht und schloss 1999 endgültig.

Seit 2009 erstrahlte es wieder in neuem Glanz. Eine große Buchhandlung bezog das Gebäude und das Café, das sich im oberen Stockwerk im sogenannten Lotz-Saal befindet, wurde zu einem der prunkvollsten der ganzen Stadt. Und das soll etwas heißen. Denn Budapest ist eine Stadt mit hoher Kaffeehauskultur und immer schon gab es prachtvolle Cafés, auch wenn im Zweiten Weltkrieg viele davon zerstört oder beschädigt wurden.

Die wunderschönen Deckenfresken im Café stammen von Károly Lotz, der sich im 19. Jahrhundert in Budapest mit vielen Fresken und Wandgemälden verewigte. Ehemals ein Ballsaal, wurde der pompöse Raum bei der Entstehung des einstigen Kaufhauses in den Bau integriert. Er wurde zu einem herrlichen Ort mit goldenen Verzierungen, gigantischen Kronleuchtern und dunklen Kaffeehausmöbeln.

Leider geriet die Buchhandlung Alexandra finanziell ins Strudeln, weshalb das gesamte Gebäude Ende 2017 überraschend geschlossen wurde. Anfang Juni 2018 eröffnete »Future Park Exhibition«, ein aus Japan stammender medialer Spielplatz für Kinder. Daraufhin konnte man sich auf eine interaktive Reise in die Welt von »Avatar« begeben. Weitere multimediale Ausstellungen sind in Planung. Und zur großen Freude aller ist das schönste Café der Stadt ebenfalls wieder geöffnet.

Adresse Andrássy út 39, V. Bezirk, 1061 Budapest, Tel. +36/1/461-5830 oder -5835 | **ÖPNV** Metro 1 oder Bus 105 bis Opera | **Öffnungszeiten** täglich 10–22 Uhr; Café Parisi: täglich 9–21 Uhr, Tel. +36-70/947-7894, info@cafeparisi.hu, www.cafeparisi.hu | **Tipp** Weitere Fresken von Károly Lotz befinden sich zum Beispiel im Opernhaus, im Nationalmuseum, in der Großen Markthalle und in der St.-Stephans-Basilika.

63 Molnár's Kürtöskalács
Eine süße Verführung

An dieser ungarischen Spezialität kommt kaum jemand in Budapest vorbei: Kürtöskalács heißt die Köstlichkeit, übersetzt Baumstriezel. Es handelt sich dabei um ein Gebäck aus Hefeteig. Der Teig wird ewig gerührt und geknetet und dann – ein wenig wie Stockbrot – an einer Stange über einer Feuerstelle, mit Butter und Zucker versehen, gedreht und gebacken. Früher wurden Ahornzweige dafür verwendet, heute Stäbe aus Eisen mit Holzgriffen. Streifenweise wird der Teig um die Form gewickelt, sodass sich Rillen bilden, ähnlich wie beim Baumkuchen. Mit Hilfe einer Schere wird der Kuchen durchgeschnitten und die beiden Hälften mit Zucker, Schokostreuseln, Mohn, Mandeln, Kokos oder anderen Süßigkeiten bestreut. Das Gebäck stammt ursprünglich aus Siebenbürgen und war eine besondere Köstlichkeit auf Familienfesten wie Hochzeiten oder Taufen. Heute gibt es Kürtöskalács das ganze Jahr über, nicht nur in Budapest.

Ein besonders nettes, kleines Café, in dem Kürtöskalács frisch gebacken und in den unterschiedlichsten Variationen angeboten wird, ist in der Váci utca 31 zu finden. Durch die großen Fenster kann man hier dabei zusehen, wie der Baumstriezel entsteht. Bei »Molnár's Kürtöskalács« sitzt man an der Bar oder zwei kleinen Tischen und probiert, welcher Striezel der beste ist. Neun Variationen gibt es hier, die direkt vom Spieß warm serviert werden. Absolut köstlich zum Kaffee und ein idealer Platz für eine Pause mitten in der Fußgängerzone.

Von Anfang an stand die riesige Sanduhr bei der Budapester Bevölkerung in der Kritik. Eine hohe Summe an Steuergeldern wurde für seine Errichtung und die Wartungskosten verschlungen. Geld, das nach Ansicht der Budapester an anderer Stelle sinnvoller hätte eingesetzt werden können. Die Umgestaltungs-Pläne für den City Park könnten das Aus für das Ungetüm bedeuten, das doch eine optimistische Zukunft mit einläuten sollte.

Adresse Molnár's Kürtöskalács Kávézó, Váci utca 31, V. Bezirk, 1052 Budapest, Tel. +36/1/4072314 | **ÖPNV** Metro 3 oder Bus 8 bis Ferenciek tere oder Bus 110, 112, 239 bis Március 15. tér | **Öffnungszeiten** täglich 9–22 Uhr | **Tipp** Das erste Budapester Strudelhaus im V. Bezirk, Október 6. utca 22, bietet süßen und herzhaften Strudel an. Auf jeden Fall viele verschiedene leckere Varianten! (www.reteshaz.com)

64 Mono Art & Design
Spaziergang durch das kreative Budapest

Mono hört sich gar nicht ungarisch an. Junge Modelabel in Budapest geben sich Namen, die einem nicht fremd erscheinen. So könnte sich Mono Art & Design auch in einer Straße downtown in Manhattan befinden. Mode und Design, das ist vielleicht nicht das, woran man zuerst denkt, wenn man den Namen der Stadt Budapest hört. Aber in diesem Bereich hat sich hier in den letzten Jahren eine Menge getan. Im »Mono Art & Design« findet man feine Kissenbezüge, sehr geschmackvolle Schalen, Becher und Schüsselchen, Lampen oder Notizhefte mit nett gestalteten Einbänden. Malerei und Skulpturen sind ebenfalls ausgestellt. Und dann natürlich Mode. Diese wird von jungen Designern entworfen, die hier nach Abschluss des Studiums die Möglichkeit haben, ihre ersten Stücke vorzustellen. Auch der Ladenraum selbst hat etwas Cooles und erinnert an ein Fabrikgebäude oder ein Loft. Nebenbei will Mono ein Treffpunkt für Künstler sein, sie führen Workshops durch und nehmen regelmäßig am Budapester »Stylewalker« teil. Diese Veranstaltung findet halbjährlich statt und vereinigt unter ihrem Namen eine Reihe von Geschäften, in denen junge ungarische Kreative ihre Arbeiten anbieten. In entspannter, freundlicher Atmosphäre kann man sich dann auf Entdeckungstour begeben.

Eco-Fashion für umweltbewusste Menschen bietet »Printa« an. Daneben selbstbedruckte T-Shirts oder Hipster-Beutel mit schlichten Motiven. Ein kleines Segel und Druckbuchstaben bewerben Ungarns Meer, den Balaton. Vom hinteren Bereich des Ladens aus kann man einen Blick in die hauseigene Werkstatt werfen. In den hier erwähnten Geschäften liegt meist ein schön gestaltetes Buch aus, das sich »Makers of Budapest« nennt. Darin sind viele weitere Läden zu finden, die eben nicht zu einer internationalen Kette zählen und ganz eigene Mode, Schmuck, Lederwaren oder fein designte Gegenstände anbieten.

Adresse Mono Art & Design, Kossuth Lajos utca 12, V. Bezirk, 1053 Budapest; Printa, Rumbach Sebestyén utca 10, VII. Bezirk, 1075 Budapest, www.stylewalker.hu | **ÖPNV** Metro 2 bis Astoria | **Öffnungszeiten** Mono Art & Design: Mo–Fr 11–20 Uhr, Sa 11–18 Uhr; Printa: täglich außer sonntags 11–20 Uhr | **Tipp** Nach dem Stöbern bei Mono kann man eine Pause auf den Stufen des Nationalmuseums oder auf einer der Bänke im kleinen Park dort machen.

65_Das Monument der Zeit
Eine Riesensanduhr mit politischer Botschaft?

Mit der feierlichen Einweihung des sogenannten Zeitrades am 1. Mai 2004 feierte Ungarn seinen Beitritt zur Europäischen Union. Soll man es als Zeichen deuten, dass bereits ein Jahr später ein Sandkorn im Getriebe steckte und die überdimensionale Uhr zum ersten Mal stehen blieb? Seit beinahe drei Jahren läuft das Zeitrad nun gar nicht mehr.

Es steht nicht weit vom Heldenplatz entfernt, gleich hinter der Kunsthalle. Sein Durchmesser beträgt acht Meter, und es ist zweieinhalb Meter dick. Damit ist es die größte Sanduhr der Welt. Rote Granitplatten werden von einem breiten Ring aus Edelstahl umgeben. Die beiden Behälter sind aus Panzerglas. In ihrem Inneren befindet sich allerdings nicht Sand, sondern ein Granulat, das aus dem oberen in den unteren Kegel rieselt. Dessen Körner sind gleich groß, sodass mit ihnen eine genaue Rieselgeschwindigkeit erzielt werden konnte. Ein Computer regulierte die Zeitmessung. So konnten Wettereinflüsse und Schaltjahre ausgeglichen werden.

Die Idee dazu stammt von dem ungarischen Kulturhistoriker und Erfinder János Herner. Ursprünglich sollte der 60 Tonnen schwere Koloss außerdem ganz langsam rollen und damit noch bildhafter den Verlauf von Zeit verkörpern. Wenn in der Silvesternacht um Mitternacht das letzte Korn durch die Uhr rieselte, wurde das Zeitrad durch einen Hebel um 180 Grad gedreht und so wieder in Gang gesetzt.

Von Anfang an stand die riesige Sanduhr bei der Budapester Bevölkerung in der Kritik. Eine hohe Summe an Steuergeldern wurden für ihre Errichtung und für die aufwendigen Wartungskosten verschlungen. Geld, das nach Ansicht der Budapester an anderer Stelle wesentlich sinnvoller hätte eingesetzt werden können. Die Umgestaltungspläne für den City Park könnten das Aus für das Ungetüm bedeuten, das doch seinerzeit eine so optimistische Zukunft hatte einläuten sollen.

Adresse Dózsa György út, VI. Bezirk, 1071 Budapest, gleich hinter der Kunsthalle (Műcsarnok) | **ÖPNV** Metro 1 bis Heldenplatz (Hősök tere), die Kunsthalle ist das Gebäude rechter Hand auf dem Platz | **Tipp** Ein Spaziergang durch den nahe gelegenen Gebäudekomplex der Burg »Vajdahunyad«, die 1896 für die Millenniumsfeier entworfen wurde, bietet sich an.

66 Das Művész Kávéház
Dobos-Torte und andere süße Sachen

M wie mega oder Marzipan, ü wie Überraschung oder überragend, v wie verziert, verfeinert oder verführerisch, e wie erstklassig und s wie sahnig. So oder in einer anderen zuckersüßen Variante könnte der Name »Művész« buchstabiert werden. Denn all diese Adjektive passen auf die Torten und Törtchen, die es hier gibt. Ob Haselnussschnitten, Träume aus Frucht und Baiser oder geschichtete Sahne- und Schokoladentorten. Sie drehen sich in den Glasvitrinen, und es fällt gar nicht so leicht, das leckerste Törtchen auszuwählen. Aber auch zum Frühstück gibt es eine umfangreiche Karte, herzhafte Snacks oder auch Gulasch werden angeboten, und die Preise sind durchaus angemessen.

Das Művész ist eines der traditionellen Cafés der Stadt, das auch nach jahrelangem Bestehen nichts von seinem Charme eingebüßt hat. Hierher kommen die Budapester auf einen Café oder Tee, und die Bedienung ist freundlicher als in manch berühmterem Kaffeehaus. Das Gebäude wurde 1884 im Neorenaissance-Stil errichtet. Die Wände sind dekoriert mit Fotografien ungarischer Künstler. Viele Schriftsteller und Bohemiens gingen hier ein und aus, denn Oper und Theater liegen ganz in der Nähe. Művész bedeutet Kunst oder Künstler. Das Interieur spiegelt die glamouröse Vergangenheit ein wenig wider: große Spiegel, Kronleuchter, vergoldete Stehlampen und Leuchter.

Das Café Művész ist nicht zuletzt bekannt für seine gute Dobos-Torte, die wohl berühmteste Torte Ungarns. Sie besteht aus sechs Schichten Biskuit und Schokoladencreme, die mit einer Karamellglasur überzogen wird. Erfinder dieser Torte war der gleichnamige Konditormeister József Dobos, der 1885 nach einem Rezept für einen mehrere Tage genießbaren Kuchen suchte. Damals waren die Kühlungs- und Aufbewahrungsbedingungen ganz andere. In der Dobostorte sorgte die Schokoladencreme für den Halt, und das Karamell bewahrte die Feuchtigkeit sowie den Geschmack. Bitte probieren!

Adresse Művész Kávéház, Andrássy út 29, V. Bezirk, 1064 Budapest, Tel. +36/1/3433544, www.muveszkavehaz.hu | **ÖPNV** Metro 1 oder Bus 105 bis Opera | **Öffnungszeiten** Mo–Sa 8–21 Uhr, So und Feiertage 9–21 Uhr | **Tipp** Noch eine köstliche Konditorei ist die »Auguszt Cukraszda«, Kossuth Lajos utca 14–16 (zwischen Metrostation Astoria und Ferenciek tere). Von außen eher unauffällig.

67 — Nemzeti Dohánybolt
Zigaretten und Alkohol an der Károly körút

Seit Juli 2013 gibt es Zigaretten in Ungarn nicht mehr im Supermarkt oder am Kiosk zu kaufen, sondern nur noch in speziellen Tabakläden. Man erkennt sie an zugeklebten Fensterscheiben und einem runden Schild mit einer schwarzen 18 darauf. Darüber machten sich viele Budapester lustig. Das Aussehen der Schaufenster lädt zu wilden Spekulationen ein. Was soll in so einem Laden schon zu finden sein, wenn nicht ein Sexshop oder sonst etwas Anrüchiges? Doch es gibt hier lediglich Zigaretten und Alkohol, Eis, Erfrischungsgetränke, Zeitungen oder Kaffee – und das häufig bis spät am Abend. Dennoch dürfen nur Volljährige eintreten. Zum Beispiel in den stark frequentierten Laden an der Károly körút 21, der von außen noch nicht mal erahnen lässt, was sich drinnen abspielt.

Es gab viele Diskussionen wegen der neuen Regelungen, insbesondere als es um die Vergabe der Geschäftsstellen und deren Verkaufslizenzen ging. Angeblich sollen viele Angehörige der Regierungspartei bevorzugt worden seien, und selbst alteingesessene Händler gingen bei der Vergabe leer aus. Eigentlich sollten mit dem neuen System Steuerbetrug und Schwarzhandel reduziert werden, doch nun sieht es ganz so aus, als hätte der Staat sich selber, Freunden und Bekannten einen Gefallen damit getan, viele von ihnen sollen angeblich aus dem Umfeld einer staatlichen Supermarkthandelskette kommen. Die großen Verlierer bei der Umstellung sind die kleinen Händler. Die Verkaufsstellen in Budapest sind mit Abstand die lukrativsten Standorte. Hier gibt es rund 400, während es auf dem Land wesentlich schwieriger ist, an Zigaretten zu kommen.

Wie auch in den meisten anderen europäischen Ländern ist das Rauchen in Ungarn inzwischen stark reglementiert: Rauchverbot gilt in öffentlichen Einrichtungen, an Haltestellen, in Fußgängerunterführungen, und es muss ein Mindestabstand zu Mitmenschen eingehalten werden. Für Raucher wird das Leben nicht leichter, aber aufregender.

Adresse Nemzeti Dohánybolt, Károly körút 21, 1075 Budapest (und an vielen anderen Orten, Adressen unter http://nemzetidohany.hu/dohanyboltkereso) | **ÖPNV** Straßenbahn 4 und 6 bis Westbahnhof oder Metro 2 bis Astoria | **Tipp** Wer sich für Dreher Bier (Dreher ist die größte Brauerei Ungarns) interessiert, kann in der Jászberényi út 7 das der Brauerei angeschlossene Museum besuchen (Anmeldung unter Tel. +36/1/4329850, mit den Straßenbahnen 28 und 37 ab Blaha Lujza tér erreichbar).

68 Die Neobarock-Bibliothek

Unglaublich beruhigende Stimmung

Junge Menschen, in ihre Lektüre vertieft, sitzen hier dicht an dicht in großen Sälen. Alle scheinen die gleiche Passion zu haben: zu lernen, zu studieren und sich auf ihre Bücher zu konzentrieren. Vielleicht wird dieser Eindruck auch durch die unvergleichlich herrschaftliche Atmosphäre und Umgebung verstärkt. Der Hauptsitz der Stadtbücherei Budapests befindet sich heute in einem früheren Palais. Hier lebte einst die Familie Wenckheim, eine bekannte aristokratische Familie. Friedrich Graf Wenckheim, der von 1842 bis 1912 lebte, war Großgrundbesitzer und äußerst wohlhabend. Das Gebäude mit der etwas rundlichen Form wurde von dem sächsischen Architekten Arthur Meining entworfen. Erbaut wurde es Ende des 19. Jahrhunderts im Stil des Neobarocks, einem etwas lebhafteren Baustil als der damals in Budapest gerade so beliebten Neorenaissance. Meining war ein sehr angesehener Architekt und baute eine Reihe von Stadtpalais für Adelige, wie zum Beispiel für die Familien Andrássy, Szapáry oder Károlyi.

Wie wohlhabend diese Familien damals waren und wie sie lebten, lässt sich bei einem Besuch der Bibliothek erahnen. Reichtum, Prunk, Großzügigkeit und Weitläufigkeit, das sind einige Worte, die das Palais beschreiben. Riesige Lüster hängen in den Räumen, und goldene Verzierungen schmücken die Wände. Großzügige Salons mit meterhohen Decken kann man hier durchschreiten.

Schon Anfang des 20. Jahrhunderts wurde die Familie Wenckheim enteignet und vertrieben. Lange Zeit stand das Gebäude leer und verfiel allmählich. Anschließend gingen Parteien, Soldaten, Journalisten und Künstler hier ein und aus, bis das Palais von 1999 bis 2001 endlich rekonstruiert und renoviert wurde. Nun sitzen hier still lesend, in kleinen Sesseln oder an einem der vielen Arbeitsplätze, Studenten. Ein Ort, der in Zeiten des multimedialen Alltags eine äußerst beruhigende Wirkung hat.

Adresse Bibliothek im Wenckheim-Palais, Fövárosi Szabó Ervin Könyvtár, Szabó Ervin tér 1, VIII. Bezirk, 1088 Budapest, Tel. +36/1/411500, www.fszek.hu | **ÖPNV** Metro 3 und 4 oder Straßenbahn 47 und 49 bis Kálvin tér; Bus 9 fährt bis Szentkirályi utca schräg gegenüber | **Öffnungszeiten** Mo – Fr 10 – 20 Uhr, Sa 10 – 16 Uhr | **Tipp** Der kleine, feine Schokoladenladen »Rózsavölgyi Csokoládé« befindet sich gleich um die Ecke in der Kiralyi Pal utca 6, 1053 Budapest.

69 __ Das Nobelpreisträger-Gymnasium
Eine Schule, die schlau macht

Woran erkennt man eigentlich einen Nobelpreisträger? Denkerstirn, intelligenter Blick oder Zerstreutheit? Es gibt wohl nichts, das die außergewöhnlichen Leistungen einer Person sichtbar macht. Und vermutlich gibt es auch keine Institution oder öffentliches Gebäude, das besondere Intelligenz verspricht. Dennoch existiert in Budapest eine Schule, der diesbezüglich ein außergewöhnlicher Ruf vorauseilt: das Evangelische Gymnasium am Városligeti fásor.

Es sieht aus wie eine ganz normale Schule, doch eine große Tafel an der Außenwand weist auf die vielen herausragenden Schüler hin, die hier einst lernten. Es sind vor allem bedeutende Naturwissenschaftler, die in diesem Gymnasium die Schulbank drückten: Eugene Paul Wigner erhielt 1963 den Nobelpreis für Physik, John Harsanyi 1994 den für Wirtschaftswissenschaften. John von Neumann gilt als einer der Väter der Informatik und glänzte hier in Mathematik. Die Dichter György Faludy und Sándor Petőfi oder der Philosoph und Literaturwissenschaftler Georg Lukács gingen hier zur Schule, und auch der Schriftsteller Theodor Herzl machte hier seine »Matura«.

Im Inneren des Gebäudes weist nichts auf die bewegte Vergangenheit hin: ein typischer Schuleingangsbereich, ein langer Flur mit Kugelleuchten, Garderobenhaken und dann viele Türen. Vorne am Eingang liegt eine kleine Hausmeister-Loge – ein charmantes Relikt aus der Vergangenheit. Im kleinen Vorgarten steht die Statue des Schuldirektors. Das Fasori Evangélikus Gimnázium wurde 1882 durch die lutherische Kirche gegründet, doch hier gingen Jungen unterschiedlichster Konfessionen zur Schule. Die Unterrichtssprache damals war Deutsch. Unter der kommunistischen Herrschaft war das Gymnasium mehr als 40 Jahre geschlossen und wurde erst 1989 wiedereröffnet. Seitdem kämpft es wieder um den guten Ruf seiner großen Vergangenheit.

Adresse Fasori Evangélikus Gimnázium, Városligeti fásor 17–21, VI. Bezirk, 1071 Budapest, www.fasori.hu, titkarsag@fasori.hu | **ÖPNV** Metro 1 bis Bajca utca oder Bus 70 bis Bajca utca | **Tipp** Nur zwei Ecken weiter befindet sich beinahe hinter dem Schulgelände in der Damjanich-Straße 38 das Cat Café. Wie der Name schon sagt, ist es tatsächlich ein Café, das Katzen und Menschen besuchen. Ein Trend aus Japan, der auch in der Donaumetropole angekommen ist. Absolut Geschmackssache!

70 __ Der ÖPNV auf der Donau
Prächtige Architektur aus anderer Perspektive

Budapest ohne Donauschifffahrt, das ist wie Wien ohne Sachertorte! Und in der ungarischen Metropole ist der Fluss ja so viel breiter, imposanter und einfach Teil der Stadt. Auf einer Donauschifffahrt eröffnen sich noch einmal ganz andere Blicke auf das Panorama zu beiden Seiten, und insbesondere all die schönen Brücken sind hier aus einer anderen Perspektive zu sehen.

Seit einiger Zeit gibt es eine prima Alternative zu den vielen verschiedenen Ausflugsschiffen: Fährschiffe verkehren die Donau herauf und herunter, so wie es Busse und Straßenbahn zu Land tun. Die verschiedenen Stationen, an denen man zu- oder aussteigen kann, sind meist dem öffentlichen Nahverkehr angeschlossen. Statt also im überfüllten Bus zur Arbeit zu fahren, kann der Budapester heute bei einer Tasse Kaffee über die Donau gondeln. Frische Luft und guter Ausblick inklusive. Zugegeben, die Schiffe sind nicht die neuesten Modelle. 20 bis 40 Jahre haben sie schon auf dem Buckel. Aber der Preis ist unschlagbar, denn für eine reguläre Fahrt zahlt man 750 Forint (am Wochenende etwas teurer), umgerechnet nicht einmal zwei Euro. Den Fahrschein kann man auf dem Schiff lösen.

Die Schiffe verkehren zwischen der Árpád út in Újpest und der Haller utca zwischen Petőfi- und Rákóczybrücke. Die Donau aufwärts, also am Pester Ufer entlang, werden sieben, die Donau abwärts in Buda drei Haltestellen angesteuert. Der gesamte Donauabschnitt zwischen Petőfi- und Margaretenbrücke steht unter dem Schutz der UNESCO. Außerdem zählen einzelne Gebäude, die passiert werden, zum Weltkulturerbe. So das Parlament, die Kettenbrücke, der Széchenyiplatz, das Burgviertel und das Gellért-Bad. Mehr kann man so bequem kaum erleben! Auch das (Party-)Schiff 38 wird angesteuert. Die Haltestellen wurden zum Teil neu errichtet. Ein großer Teil des Projekts wurde mit EU-Fördergeldern finanziert.

Adresse zum Beispiel ab Jászai Mari tér, XIII. Bezirk, 1137 Budapest, oder Gellért tér, XI. Bezirk, 1111 Budapest | **ÖPNV** Straßenbahn 4 oder 6 bis Jászai Mari tér (Anleger rechts der Margaretenbrücke) oder Straßenbahn 17, 47 oder 49 bis zum Gellért tér (Anleger rechts zur Freiheitsbrücke) | **Öffnungszeiten** Fahrplan unter www.bphajojarat.hu; Mo–Fr fahren die Linien D11 (Haltestellen wie Jászai Mari tér (Pest) oder Batthyányi tér (Buda)) und D12, Sa und So verkehrt die Linie D13 | **Tipp** Am Gellért tér aussteigen und einen Spaziergang die Bartók Béla utca entlang machen. Hier gibt es einige Cafés, unter anderem das »Hadik«, in dem auch kulturelle Veranstaltungen stattfinden.

71 _ Der Pántlika Pavillon
Retro-Location

Kaum ist der Frühling in der Metropole an der Donau eingezogen, schon sprießen sie wie die Pilze aus dem Boden: die vielen Straßencafés und Terrassenlokale der Stadt. Eines von ihnen liegt am Rand des Stadtwäldchens. Das Bisztró Pántlika ist ein Gartenlokal mit dazugehörigem Pavillon. Dieser diente vor vielen Jahren als Informationskiosk. János Kádár, damals erster Sekretär der ungarischen kommunistischen Partei und damit ein äußerst wichtiger Mann im Land, hatte gehört, dass die Besucher sich auf der »Internationalen Messe« nicht zurechtfanden. Also wurde für sie ein Gebäude mit dem Grundriss eines fünfzackigen Sterns, dem Symbol für die kommunistische Partei, errichtet, der sogar aus dem Weltraum zu sehen sein sollte. Das wellenförmige Dach besteht aus Aluminium. Die Baumaterialien stammten ausschließlich aus Ungarn. Als die Messe zu groß wurde und an einen anderen Ort in der Stadt zog, wurden viele der Pavillons abgerissen. Lediglich zwei Gebäude überstanden den Umzug der Messe, eins davon ist Pántlika.

Und egal, ob die Zeiten gut oder schlecht waren, die heutigen Betreiber des Pavillons empfinden sie als Teil der Geschichte ihrer Stadt. So sind hier innen wie außen viele Relikte der sozialistischen Industrie zu sehen. Retro-Design, 60er und 70er Jahre und die Erinnerung daran.

An lauen Frühlingstagen oder warmen Sommerabenden ist es hier am schönsten. Dann werden die roten Stühle um den Pavillon herumgestellt, die karierten Tischdecken aufgelegt und die bunten Lampionketten, die zwischen den Bäumen hängen, beleuchtet. Dann tummeln sich hier Menschen und genießen das Retro-Feeling bei Salat, gegrilltem Gemüse, Hamburger und Bier oder Sirup-Schorle. Burger in allen Variationen sind die Spezialität von Pántlika: London-Burger, Paris, New York, Berlin, Rom, Jerusalem bis Acapulco – eine große Auswahl, die nicht mehr viel mit der sozialistischen Vergangenheit zu tun hat.

Adresse Bisztro Pántlika, Hermina út 47, XIV. Bezirk, 1146 Budapest, Tel. +36/70/3769910, pantlikabisztro@gmail.com, www.pantlika.hu | **ÖPNV** Metro 1 bis Széchenyi fürdö, Bus 70, 72, 74 bis Erzsébet királyne utja megálló, Bus 5 bis Erzsébet királyne aluljáró, Bus 25, 32 und 225 bis Mexikói út | **Tipp** Eine interessante Internetseite für viele weitere Beispiele sozialistischer Architektur in Budapest und anderswo ist ostarchitektur.com.

72 Die Párizsi Udvar
Glanz vergangener Zeiten in prachtvoller Passage

Nur wenige Schritte von der trubeligen Váci utca entfernt, am Ferenciek tere gelegen, befindet sich ein Gebäude, das zu den schönsten und geheimnisvollsten der Stadt zählt. Jahrelang befanden sich die »Pariser Höfe« in keinem sehr guten Zustand. Dann plötzlich stand ein Zaun vor dem Eingang, und ein einsamer Security-Mann gab Obacht. Auf einem Schild wurde die Eröffnung eines Luxushotels angekündigt. Das hörte sich einerseits gut an, weil es bedeutete, dass das Gebäude saniert würde. Gleichzeitig versetzte es einen auch in Sorge, weil man nie weiß, ob der Charme nach einer solchen Renovierung auch erhalten bleibt. Seit Juni 2019 ist das Hyatt eröffnet. Und die erfreuliche Nachricht ist: Die Pariser Höfe sind wieder ein Juwel und haben ihren wunderbaren Charme erhalten!

Errichtet wurde das Gebäude 1909 im Auftrag einer Bank nach den Plänen von Henrik Schmal. Immer erinnerte die Atmosphäre im Inneren an einen orientalischen Basar. Der Fußboden besteht aus schönen Kacheln in gedeckten Tönen. Die achteckige Halle am Eingang wird von einem Gewölbe überdacht. Die Konstruktion der Fensterrosen, das Gewölbe, Säulenkapitelle und die Säulen selbst sind aus Eisen gefertigt. Eine prachtvolle Mischung aus verschiedenen Epochen wie dem Mudéjar-Stil, Art déco oder der Gotik und Renaissance. In die maurische Baukunst verliebt hatte sich der Architekt übrigens auf einer Reise durch den Süden Spaniens. Seine Begeisterung dafür ist auch im Kino Uránia an der Rákóczi út (siehe Seite 204), dort vor allem im Inneren, zu bewundern. Drehort war der Párizsi Udvar auch schon: Hier wurde 2011 die erste Mordszene aus dem Film »Dame, König, As, Spion« gedreht. Da konnte man die Leiche auf den Kacheln der Passage liegen sehen. Heute kann man hier in angenehm entspannter Atmosphäre dinieren. Die Betriebsamkeit der Stadt wirkt dann weit entfernt, und nur gedämpft sind Geräusche zu vernehmen.

Adresse Ferenciek tere 5, V. Bezirk, 1053 Budapest | **ÖPNV** Metro 3 bis Ferenciek tere | **Tipp** Gleich um die Ecke, in der Petőfi Sándor utca 3, liegt das »Jégbüfé«. Hier gibt es eine große Auswahl an Gebäck und zur warmen Jahreszeit gutes Eis.

73 Ein Platz an der Donau
Am Wasser bei den Möwen …

Manchmal möchte man einen Platz oder einen Ausblick ganz für sich allein haben. Oder einfach ein paar Minuten aus dem Gewusel der Stadt abtauchen, wenn man sie schon seit Tagen durchwandert und besichtigt. Direkt an der Donau und nahe an der Kettenbrücke gibt es auf der Pester Seite einige Treppen, die nach unten ganz nah ans Wasser heranführen. Hier kann man sich auf einer der Stufen oder auf einem Stein niederlassen und den Blick über den Fluss, die Brücke und die Budaer Kulisse schweifen lassen. Die Geräusche der Stadt sind hier nur gedämpft zu hören. Und es ist beruhigend, aufs Wasser zu schauen. Möwen segeln vorbei oder schwimmen mit der Strömung. Im Winter, wenn es sehr kalt ist, treiben Eisschollen vorüber. Dann kann man beobachten, wie manche Vögel sich auf den Schollen treiben lassen. Aber immer nur so lange, bis sie unter der Kettenbrücke verschwinden. Dann fliegen sie auf und ein Stück zurück, um sich auf einer der nächsten Schollen niederzulassen.

Um dieses stille Plätzchen zu finden, überquert man auf Höhe der Straßenbahnhaltestelle der berühmten Linie 2 nahe der Akademie der Wissenschaften den dortigen Fußgängerüberweg zum Fluss. Läuft man dann ein Stück in Richtung Margaretenbrücke weiter, führen nach gut 200 Metern Treppenstufen zur Donau hinab. Diese Möglichkeit bietet sich noch einige Male.

Weil es nahezu unmöglich ist, die stark befahrene Straße ohne Ampel zu überqueren, sollte man auf dem Rückweg den Fußgängerübergang kurz vor dem Parlament nutzen. Steigt man dort die Treppen hoch, stößt man auf eine traurig aussehende Skulptur. Sie stellt den Lyriker Attila József dar, der als einer der bekanntesten Dichter des Landes gilt und sich mit nur 32 Jahren vor einen Güterzug stürzte. Die ganze Körperhaltung der Figur demonstriert Resignation und Verzweiflung, und die schmale, rechte Hand hängt traurig herunter.

Adresse Pester Donauufer, V. Bezirk, 1054 Budapest | **ÖPNV** Straßenbahn 2 bis Széchenyi rakpart, oder Metro 2 bis Kossuth tér und links vom Parlament die Ampel zum Donauufer benutzen | **Tipp** Hier sollte man einen Blick ins Foyer der Akademie der Wissenschaften werfen! In der Gát utca 3 im IX. Bezirk gibt es ein Gedenkzimmer für Attila József (Tel. +36/1/2166127).

74_Das Postmuseum
Die gute alte Zeit

Es ist wie eine Reise in die »gute alte Zeit«. Ein alter roter Briefkasten neben dem Eingang dient als Hinweis auf das Postmuseum. Es befindet sich in einem noblen Gebäude mit Portiersloge, in der tatsächlich auch heute noch ein Portier sitzt. Mit dem Fahrstuhl fährt man in die zweite Etage, in der sich das Museum befindet. Dort wird dem Besucher die Garderobe abgenommen und sorgfältig verschlossen, selbst wenn keine anderen Gäste da sind. Und dann beginnt der Ausflug in die Geschichte der Post.

Es hat etwas Nostalgisches. Manchmal kommen einem unweigerlich Filme wie »Ich denke oft an Piroschka« in den Sinn, besonders wenn man vor der alten, hier aufgebauten Poststation steht. Auch die antiquarischen Postkarten verdeutlichen, wie sehr die Zeiten sich geändert haben. Die engagierte Museumswärterin schießt plötzlich und unerwartet eine Rohrpost durch die Röhre und durchbricht damit die Ruhe. Sie lacht und freut sich über interessierte Besucher und stellt über eine alte Fernsprechanlage eine Verbindung her. Man kennt diese Damen aus alten Filmen, wenn sie emsig dabei sind, Telefonverbindungen ein- und auszustöpseln. Hier darf auch der Besucher mal auf diese altmodische Art telefonieren.

Das Postmuseum war bis vor einigen Jahren in einer wunderschönen, herrschaftlichen Wohnung in der Andrássy út 3 untergebracht. Hier konnte man neben den Ausstellungsstücken bewundern, wie Großbürger um 1900 gelebt hatten.

Aber auch das Gebäude in der Benczúr utca mit den großen Villen in der Nachbarschaft ist eindrucksvoll. Mit der Sammlung für die Ausstellung wurde bereits 1881 begonnen. Damals rückten die neuen Technologien wie Telefon und Telegrafen immer mehr ins Blickfeld der Öffentlichkeit und gewannen große Bedeutung. Heute zeigt das Museum alte Gegenstände aus der Geschichte der Post und der Telegrafen, aber auch aus der Radio- und Fernsehgeschichte.

Adresse Postamúzeum, Benczúr utca 27, VI. Bezirk, 1068 Budapest, www.postamuzeum.hu, Tel. +36/1/269 6838 oder +36/1/3224240 | **ÖPNV** Metro 1 oder Bus 4 bis Bajza utca, ein Stück die Andrássy hoch und dann rechts in die Benczúr utca, dort auf der rechten Seite | **Öffnungszeiten** Di–So 10–18 Uhr | **Tipp** Nicht weit entfernt im Városligeti fasor 12 befindet sich in einer alten Villa das György-Ráth-Museum mit einer Privatsammlung asiatischer Kunst (Di–So 10–18 Uhr geöffnet). Und vielleicht gelingt es, das Treppenhaus in der Andrássy út 3 zu Gesicht zu bekommen – wunderschön!

75 Auf der Pozsonyi út
Andenken an vergangene Tage

Auf einem Spaziergang durch die Straßen von Budapest stößt man noch auf viele besondere kleine Läden. Deren Schaufenster sind manchmal rührend, altmodisch oder auch kurios dekoriert. Die Pozsonyi út in der neuen Leopoldstadt zum Beispiel eignet sich gut für solch eine Entdeckungstour. Gleich am Anfang, noch am Jászai Mari tér 4, gibt es einen winzigen Laden mit Lebkuchen. Er heißt »Mézes Kuckó«, und man sollte auf das Hinterglasbild über dem kleinen Tresen achten. In der Pozsonyi út 11 ist ein Geschäft der ungarischen Keramikfirma Zsolnay untergebracht. Viele bekannte Gebäude der Stadt sind mit den glasierten, schimmernden Majolika-Kacheln dieser Firma verziert. Da wären zum Beispiel die farbenprächtigen Dächer des Kunstgewerbemuseums und der Postsparkasse zu nennen.

Einige Schritte weiter in der Nummer 7 befand sich noch bis vor Kurzem ein schön altmodischer Hutladen, dessen Modellköpfe im Fenster hochmütig am Betrachter vorbeischauten. Heute gibt es hier im »Delizia« köstliche Kekse und Macarons, die sofort gegessen werden wollen. Die Einrichtung ist hell, und auf die einwandfreie Qualität der Zutaten wird sorgfältig geachtet. Gleich nebenan liegt ein toller Käse- und Delikatessenladen, wenn man es eher herzhaft mag.

Aber auch in anderen Straßen stößt man auf besondere Läden. Ein toller altmodischer Schuster ist in der Falk Miksa utca 14 zu finden. Zwei Porzellanfiguren stellen einen Schustermeister und seinen Lehrling bei der Arbeit dar. Die vielen nostalgisch aussehenden Schuhcremedosen sind außerdem sehenswert.

In der Régi posta utca 7, einer Seitenstraße der Váci utca, liegt in einem Hof Budapests einziger Pfeifenladen »Gallwitz-Pipa«. Ein niedlicher Knopfladen gegenüber und ein Hutgeschäft laden ebenfalls mindestens auf einen Blick ins Schaufenster ein. Am besten schnell auf den Weg machen! Man weiß ja nicht, wie lange alles noch dort ist.

Adresse Pozsonyi út, XIII. Bezirk, 1039 Budapest | **ÖPNV** Straßenbahn 4 und 6 bis Jászai Mari tér; zur Falk Miksa utca ebenfalls hier aussteigen, nur in die entgegengesetzte Richtung gehen; Régi posta utca: ab Vörösmarty tér zu Fuß die Váci utca entlang, dann rechts in die Régi posta utca einbiegen | **Tipp** Die Pozsonyi út ist auch voller Cafés. Das Sarki Fűszeres in der Nummer 53–55 ist ein sehr gutes Deli und Café, im Sommer mit kleiner Terrasse (Mo–Fr 8–20 Uhr, Sa 8–15 Uhr geöffnet).

76 Das Prinz-Eugen-Denkmal

Warum der Prinz einen so schönen Blick genießen darf

Napoleon hielt ihn für einen der größten Kriegsherren der Geschichte. Auf jeden Fall nahm er entscheidend Einfluss auf die Geschichte Ungarns. Dass im 17. Jahrhundert die Türken nach beinahe 150 Jahren Besatzung Budapest verlassen mussten, war auch der klugen Strategie des Prinz Eugen von Savoyen zu verdanken. In der Schlacht von Zenta, einer Stadt in Serbien, wurde er zum europäischen Helden. Nach jahrelangen Kämpfen endeten mit dem dortigen Sieg die sogenannten Türkenkriege. Ungarn wurde Teil des habsburgischen Reiches. Damit waren viele im Land zwar später auch nicht so recht zufrieden, aber das ist eine andere Geschichte.

Vor der heutigen Nationalgalerie, dem einstigen Burgpalast, steht an prominenter Position ein Denkmal für Prinz Eugen von Savoyen. Von hier aus kann er die Donau und große Teile der Stadt überblicken. Zu seinen Füßen kauern, ihre Köpfe mit Turbanen bedeckt, die demütigen türkischen Gefangenen. Auf dem Sockel des Denkmals sind Szenen der Schlacht dargestellt. Prinz Eugens Pose wirkt sehr energisch. Er hält die Zügel straff, damit sein Pferd nicht voranprescht.

Das Reiterstandbild wurde 1900 geschaffen und war ursprünglich für die Stadt Zenta vorgesehen. Weil diese aber die Kosten für das neobarocke Standbild seinerzeit nicht aufbringen konnte, wurde es erst einmal vorübergehend vor der Burg aufgestellt. Eigentlich sollte an dieser Stelle eine Statue von Kaiser Franz Joseph errichtet werden. Dazu kam es nicht, und so blickt der berühmte Krieger weiterhin über die Donau. In Wien auf dem Heldenplatz steht ebenfalls ein Reiterstandbild des Prinzen, der als großer Stratege und Taktiker in die Geschichte einging. Und etwa 45 Kilometer südlich von Budapest liegt auf der Donauinsel Csepel im kleinen Ort Ráckeve sein gleichnamiges ungarisches Schlösschen. Dieses wird heute als Hotel und Tagungsstätte genutzt.

Adresse Burgberg, 1013 Budapest | **ÖPNV** Bus 16 bis Clark Ádam tér, von dort aus mit der Zahnradbahn auf den Burgberg. Oder über die rechts vom Tunnel gelegene »király lépcső« (Königstreppe) | **Tipp** Nicht weit von hier, in der Nähe der Sikló, ist auch eine Plastik des ungarischen Turul aufgestellt. Er ist ein berühmtes Fabelwesen, eine Mischung aus Adler und Falke.

77 Das Rigó Jancsi
Ein Hort des ungarischen Salzgebäcks

Rigó Jancsi war ein ungarischer Geiger, der ein aufregendes Leben führte. Der Zigeunerprimas und Tausendsassa traf 1894 die ebenfalls skandalumwitterte amerikanische Millionärstochter Clara Ward und heiratete sie. Wegen der Untreue des Geigenvirtuosen kam es allerdings schon nach zwei Jahren wieder zur Scheidung.

Auf dem Schild des Cafés Rigó Jancsi ist in Erinnerung an den umtriebigen Namensgeber eine Geige zu sehen. Ein kleines Stück vom Déli Pályaudvar (Südbahnhof) entfernt liegt dieses niedliche, altmodische Café. Es hat nur wenige Tische, und man kommt auch nicht unbedingt hierher, um sich stundenlang niederzulassen oder um sich mit Freunden zu treffen.

Man kommt vorbei, trinkt eine Tasse Kaffee und isst ein Teilchen, und dann geht man wieder. Oder man kauft einfach etwas von den leckeren Spezialitäten der Backstube und verzehrt sie zu Hause mit seinem Besuch.

Auf dem vorderen Tresen stehen meist Bleche mit Gebäck, gefüllt mit leckerem Pflaumenmus oder Aprikosenmarmelade. Apropos: Die Aprikosen sind in Ungarn besonders gut, denn das Land hat viel sandigen Boden, den diese Früchte benötigen. Und dann bäckt man im »Rigó Jancsi« supergute Pogácsa: runde salzige Gebäckstücke mit Hefe, die in Österreich Pogatschen heißen. Es gibt sie in verschiedenen Varianten, zum Beispiel mit Käse, Speckwürfeln oder als Kartoffelpogatschen. Ein Gebäck, das in Ungarn sehr häufig gegessen wird und sich als Zwischenmahlzeit oder auch als kleiner Snack zum Glas Wein eignet.

In der zweiten Vitrine sind dann die Kuchenstücke präsentiert. Und hier findet man auch die gehaltvollen Rigó-Jancsi-Schnitten – sie wurden, schon bevor es das Café gab, nach dem ungarischen Lebemann benannt. Warum, ist allerdings unbekannt. Mit Schokocreme gefüllt und mit Glasur bezogen, sind sie beinahe so verführerisch wie ein geigenspielender Zigeunerprimas …

Adresse Böszörményi út 17b, XII. Bezirk, 1126 Budapest | **ÖPNV** Metro 2 bis Déli Pályaudvar, von dort aus zu Fuß oder zwei Stationen mit der Straßenbahn 59 bis Királyhágo tér | **Öffnungszeiten** Mo–Fr 7–18 Uhr, Sa und So 9–18 Uhr | **Tipp** In der Böszörményi út 44–46 befindet sich ein Café von Szamos, dem bekannten Marzipanhersteller, mit sehr gutem Kuchen und Gebäck.

78 Der Romani-Design-Showroom

Bunte Mode für gegenseitiges Verständnis

Erika Varga sieht sich nicht nur als Modedesignerin. Die Roma, die vor einigen Jahren den Schritt in die Selbstständigkeit wagte, möchte auch für gegenseitiges Verständnis werben und engagiert sich für soziale Projekte. Inspiriert durch das reiche und vielfältige Erbe ihrer eigenen Kultur, entwirft sie bunte und tragbare Mode. Farben und Muster lehnen sich an die traditionellen Motive der Roma-Kultur an. Traditionell tragen Roma-Frauen Schürzen, die reich bestickt sind. Diese werden von Generation zu Generation an die Töchter weitergegeben, die die Muster mit ihren eigenen, neuen Ideen ergänzen. Eine reiche Inspirationsquelle für Erika Varga, die sie spielerisch umsetzt. So entsteht farbenfrohe und ausgefallene Kleidung. Es gibt auch Muster, die an ungarische Trachten erinnern. Da hat sich wohl in den vielen Jahrhunderten, die die Kulturen nun schon neben- und miteinander leben, so einiges vermischt.

Angefangen hat Erika Varga gemeinsam mit ihrer Schwester Helena Varga als Schmuckdesignerin. Auch heute werden neben der Mode hübsche Ohrringe, Ketten, Handtaschen und auffälliger Haarschmuck angeboten, auf die sich weiterhin Helena Varga konzentriert. 2010 wurden die Werkstatt, Näherei und der Showroom eigenhändig aufgebaut. Erika Varga hatte vom sogenannten »Social Business« erfahren. So werden Geschäftsideen bezeichnet, deren Zweck nicht in erster Linie der Profit, sondern die Lösung von gesellschaftlichen Problemen ist. Mit staatlicher Unterstützung konnte sie ihre Idee verwirklichen.

2014 nahm Romani Design mit seiner Kollektion neben anderen ungarischen Designern und Künstlern aus Frankreich an den »Marie Claire Fashion Days« in Budapest teil. Wer ein wirklich individuelles und besonderes Kleidungsstück oder Accessoire von seinem Besuch in Budapest mitnehmen möchte, ist hier genau an der richtigen Adresse!

Adresse Showroom: Batthyány utca 31b, XV. Bezirk, 1151 Budapest, Verkauf in den »Fian Koncept«-Shops im Burgviertel, Úri utca 26–28 und Fortuna utca 18, I. Bezirk, 1014 Budapest, www.romanidesign.hu | **ÖPNV** mit Bus 14, 96 oder 270 bis Rákospalota-Újpest, über die Szödliget utca erreicht man den Showroom; ins Burgviertel mit Bus 16 bis Hess András tér | **Öffnungszeiten** Shops täglich 10–18 Uhr; Showroom nur nach Vereinbarung | **Tipp** Besuchen Sie die ungarische Nationalgalerie: Ungarische Kunst vom Mittelalter über Expressionismus und Sezession bis hin zur Gegenwart wird hier ausgestellt.

79 Die romantische Treppe
Stufenweise auf den Burgberg

Da sich auf der Budaer Seite der Burgberg erhebt und es unnötige Umwege bedeutete, über Serpentinenstraßen nach oben zu gelangen, entstanden vor Jahren viele Treppen. Sie verbinden die einzelnen Straßen der vor dem Hügel gelegenen Wasserstadt miteinander und führen so direkt zum Ziel. Meist sind die Stufen zumindest an einer Seite flankiert von gusseisernen Geländern und nostalgischen Laternen. Treppauf, treppab ergeben sich Spaziergänge, auf denen es sich immer wieder lohnt, stehen zu bleiben und die Aussicht zu genießen. Meist hat man einen phantastischen Blick auf das Parlament und die Donau. Manchmal ragen außerdem die grünen Türme der St.-Anna-Kirche am Batthyány tér noch davor auf und machen das Bild vollkommen.

In der Nähe des Batthyány tér startet eine besonders hübsche Treppenanlage. Den Platz und die dortige ehemalige Markthalle, in der sich heute ein Einkaufszentrum befindet, lässt man rechts liegen und läuft die Frankel utca hinauf. Sie wird dann bald zu einer idyllischen Treppe und ändert auch den Namen in »Ilona lépcső« (lépcső – Treppe). Unterwegs kreuzt man ruhige Wohnstraßen, und an der Ecke zur Hunfalvy utca steht hinter einem grün berankten Zaun eine besonders charmante alte Villa. Heraus kommt man dann oben hinter dem Hilton Hotel. Man kann dem kleinen Weg aber auch immer noch weiter folgen, läuft unterhalb der Fischerbastei entlang und genießt die ganze Zeit die wunderbare Sicht auf das andere Donauufer.

Eine weitere besonders schöne Treppe startet in der Jégverem utca. Sie wird irgendwann zur Hunyadi lépcső und erinnert beinahe ein wenig an die Strudlhofstiege in Wien, nur in kleiner. Die Király lépcső (Königstreppe) nahe vom Clark Adam tér kann man alternativ zur Fahrt mit der Drahtseilbahn ebenfalls hochsteigen. Es gibt noch eine ganze Reihe anderer Treppen zu entdecken, einige sind auch auf den Stadtplänen eingezeichnet.

Adresse zum Beispiel Jégverem utca oder Frankel utca, II. Bezirk, 1011 Budapest | **ÖPNV** Metro 2 bis Batthyány tér, von dort circa 10 beziehungsweise 5 Minuten Fußweg | **Tipp** Wieder unten angelangt, kann man den neu angelegten Várkert (Burggarten) besichtigen und auf einer der langen Bänke ausruhen.

80 Der Röser Bazar
Klein, aber fein

In den letzten Jahren sind in Budapest einige einstmalige Ladenpassagen zu neuem Leben erwacht. Es gibt beeindruckende wie die an der Kossuth Lajos utca 14 – 16: Hinter dem Namen »Paloma« verbergen sich hier diverse Designgeschäfte, die einen wunderschönen Innenhof beleben. Der Röser Bazar dagegen ist eher bescheiden, wenngleich die Gebäudefassade sehr schön ist. Es ist gut möglich, dass Unwissende an ihm vorbeilaufen, denn er liegt an der viel befahrenen und belebten Straße Károly körút, und der Eingang zur Passage ist unauffällig. Aber beim Blick nach oben entdeckt man eine liebliche weibliche Statue, die die Fassade schmückt, und auf dem Giebel sind die Wörter »Röser bazara« zu lesen. Hinter dem Eingang – über dem »Röser udvar« (Röser Hof) steht – versteckt sich ein ruhiger Hof mit kleinen Geschäften und Werkstätten. Treppenhäuser mit dekorativen Jugendstil-Geländern führen zu den oben liegenden Wohnungen. Das Hauptgebäude stammt aus dem 19. Jahrhundert und hat schöne Verzierungen im venezianischen Renaissance-Stil.

Der erst vor einiger Zeit renovierte »Röser Udvar« ist ein kleines Juwel und wird hoffentlich bald noch populärer. Vielleicht unterstützt der Designshop »Rhododendron« die gute Entwicklung. Dieser ganz in Weiß gehaltene Laden wird von 30 jungen Designern aus der Stadt und Umgebung bestückt, und es ist eine Freude, die einzigartigen Gegenstände zu entdecken. Da wären Pinocchio-Ohrringe, ausgefallene Halsketten oder handgenähte Schminktäschchen; außerdem Postkarten, Plakate, folkloristisches Geschenkpapier, Bücher und andere kleine Kunstwerke.

Im Röser Bazar gibt es noch eine Schmuckwerkstatt, ein Café namens »Kontakt«, den Schokoladen Laden »Aztek«, einen Copyshop und andere Lädchen. Einige werden womöglich noch hinzukommen, denn noch stehen ein oder zwei Ladenlokale leer. Besonders schön sind die alten hölzernen Tür- und Fensterrahmen. Über zwei Stufen hinauf betritt man die Geschäfte.

Adresse Röser Bazar entweder über Károly körút 16 oder Semmelweis utca 19, V. Bezirk, 1052 Budapest; Rhododendron Design Shop Tel. +36/70/4195329 | **ÖPNV** Metro 1, 2 oder 3 bis Deák ferenc tér oder Metro 2 bis Astoria | **Tipp** Seit 2011 werden in Budapest im Frühjahr Gebäude und Höfe geöffnet, die man sonst selten zu Gesicht bekommt. Unter www.budapest100.hu erhält man eine Übersicht über Adressen und Programme.

81 Die Sándor-Márai-Büste
Bescheidenes Andenken an einen großen Literaten

Sándor Márai gilt heute als einer der bekanntesten ungarischen Schriftsteller. Geboren wurde er als Sándor Grosschmid 1900 in Kaschau (heute Košice, Slowakei) in der deutschsprachigen Zips. Er beherrschte also Deutsch wie Ungarisch, publizierte ab Ende der 1920er Jahre jedoch fast nur noch in ungarischer Sprache. 1939 änderte er seinen Nachnamen offiziell in Márai. Internationale Anerkennung wurde Sándor Márai spät zuteil. Seine Werke wurden wiederentdeckt, als er sich bereits das Leben genommen hatte. Gemeinsam mit seiner Frau war er 1948 aufgrund des verschärften politischen Klimas in Ungarn ins Exil gegangen. Nach vielem nervenaufreibenden Hin und Her mit Stationen unter anderem in der Schweiz, in Italien und Kanada ließ er sich schließlich in den Vereinigten Staaten nieder. Lange Jahre schlug er sich dort mehr oder weniger erfolglos durch, bis er 1989 den Freitod wählte.

Vor dem Krieg schrieb Márai zumeist in deutscher Sprache erfolgreich für wichtige Zeitungen im In- und Ausland. Erfolg und finanzielle Unabhängigkeit bescherten ihm seine ersten Romane. 1942 erschien dann sein heute weltberühmter Roman »Die Glut«, der über 50 Jahre später auf der Frankfurter Buchmesse wiederentdeckt und zu einem deutschsprachigen Bestseller wurde.

Während seiner Budapester Jahre lebte Márai in der Christinenstadt, die damals wie heute zu den besseren Wohngegenden gehörte. Von hier aus kann man ausgedehnte Spaziergänge hoch in die Budaer Berge oder in die angrenzenden schönen Wohngebiete wie etwa den Rosen- oder Schwabenhügel unternehmen. Sándor Márai, der heute mit Literaturgrößen wie Joseph Roth, Stefan Zweig oder Robert Musil verglichen wird, liebte seine ungarische Heimat über alles und wollte immer nach Ungarn zurück. Heute erinnert eine bescheidene Büste an einem winzigen Platz an der Mikó utca 2 an ihn, denn sein Wohnhaus wurde im Zweiten Weltkrieg zerstört.

Adresse Mikó utca 2, I. Bezirk, 1012 Budapest | **ÖPNV** Bus 5 und 956 bis Mikó utca | **Tipp** Ganz in der Nähe von Sándor Márai steht das Denkmal eines weiteren bedeutenden ungarischen Schriftstellers: Babor Mihaly im Park Vérmézo (circa 200 Meter entfernt).

82 Das Schmidl-Mausoleum
Zeugnis nationalen Selbstbewusstseins

Der jüdische Friedhof an der Kozma-Straße liegt gleich neben dem Städtischen Friedhof und wurde 1893 eröffnet. Um diese Zeit stellten Juden in Budapest fast ein Viertel der Stadtbevölkerung. Viele gehörten zum wohlhabenden Bürgertum, und sie begannen dieses nicht nur in ihren Wohnhäusern, sondern mitunter auch auf dem Friedhof zu demonstrieren. Prächtige Grabstätten entstanden. Ein ganz besonderes Beispiel ist das berühmte Grab der Familie Schmidl. Entworfen wurde es 1903 von den Architekten Ödön Lechner und Béla Lajta. Letzterer war selbst jüdischer Herkunft und hieß zu diesem Zeitpunkt noch Leitersdorfer. Den Namen Lajta nahm er erst einige Jahre später im Zuge der ungarischen Assimilierung an. Das berühmte Schmidl-Mausoleum ist über und über mit blaugrünen Keramikziegeln bedeckt. In seinem Inneren befindet sich ein Mosaik, das den Lebensbaum darstellt.

Auf dem Friedhof befindet sich ein weiteres eindrucksvolles Grab, das Béla Lajta schuf. Es handelt sich um das Grab der Familie Griesz. Leider ist es in keinem guten Zustand, aber man sollte sich unbedingt die Decke im Inneren ansehen. Auch der Boden war einst mit Mosaiken geschmückt. Wenn man genau hinschaut, sind die Abdrücke der Kachelstücke noch zu erkennen. Ein weiteres schönes Grab gehörte der Familie Nathan Wellisch.

Ein Spaziergang über den Friedhof führt durch Alleen mit alten Bäumen, vorbei an weiteren alten Grabstätten, oftmals von Grün überwuchert. Auch Béla Lajta selbst liegt hier begraben, aber sein Grab ist eher unscheinbar.

Die prächtigen Mausoleen befinden sich am äußeren Rand entlang. Die weiße Leichenhalle am Eingang des Friedhofs ist ebenfalls sehenswert. Hier vorne steht auch das Holocaust-Denkmal, das Alfred Hajós, der Olympiasieger und Architekt des Schwimmbads auf der Margareteninsel, entwarf. Dort sind die Namen der unzähligen Opfer zu lesen.

Adresse Zsidó Temető (Jüdischer Friedhof), Kozma út 6, X. Bezirk, 1108 Budapest | **ÖPNV** M3 bis Kőbanya Kispest, von da aus mit Bus 202 E bis Zsidó Temető; oder Straßenbahn 28 und 37 bis Zsidó Temető | **Öffnungszeiten** Mai – Sept. Mo – Fr und So 8 – 16 Uhr, Okt. – April Mo – Fr und So 8 – 15 Uhr | **Tipp** Die Synagoge in der Dohany utca 2 im VII. Bezirk ist die größte Synagoge Europas. In einem Seitenflügel ist das jüdische Museum untergebracht (Mo – Do 10 – 16.30 Uhr, Fr und So 10 – 13.30 Uhr geöffnet, www.greatsynagogue.hu).

83 Die Schuhe an der Donau
Stille Verzweiflung

Da stehen plötzlich Schuhe aus Metall am Donauufer. Sie befinden sich in Pest südlich des Parlaments und sehen aus, als wären sie erst vor kurzer Zeit hier abgestellt worden. Aber sie sollen daran erinnern, dass unzählige Juden hier bei eisiger Kälte in die Donau getrieben wurden und so umkamen. Da stehen ausgetretene Latschen und kleine Kinderschuhe, Halbstiefel, Pumps und Hausschuhe. Das sieht so menschlich und alltäglich aus, und dahinter steckt eine so bittere Geschichte.

Genau das haben die Künstler Gyula Pauer und Can Togay gewollt. 60 Paar Schuhe stellten sie auf. Ihr Denkmal sollte anders sein als andere Holocaust-Denkmale, nicht so offensichtlich, sondern still erinnern. Es erzählt von den Pfeilkreuzlern (der nationalsozialistischen Bewegung in Ungarn), die in Budapest ihr Unwesen trieben und unzählige Juden in den Tod schickten. Nach dem Abzug der Deutschen im Oktober 1944 kamen sie hier an die Macht und verfolgten viele jüdische Mitbürger, demütigten sie und brachten sie um. In langen Reihen mussten sich die Menschen an der Donau aufstellen, um schließlich erschossen zu werden. Ein Beispiel ist die Geschichte des 67-jährigen Illés Mónus, eines Nazigegners und Sozialdemokraten jüdischer Herkunft. Ihm zur Erinnerung wurde nach dem Zweiten Weltkrieg ein Teil der Uferstraße benannt. Das gefiel dem kommunistischen Regime jedoch nicht, und der Straßenname wurde wieder geändert. Der Mann hatte sich gegen alle Unterdrücker gestellt – und die gab es auch bei den Stalinisten.

An der Donau sollen bis zu 10.000 Juden erschossen und ertränkt worden sein. Wie verzweifelt diese Menschen gewesen sein müssen und welche Angst sie ausgestanden haben, das lässt sich nur erahnen. Das Denkmal wurde am 16. April 2005 eingeweiht und erinnert an die Ermordeten. Hinweisen soll es aber auch auf Rettungsaktionen einiger Ungarn, die versuchten, ihren jüdischen Mitbürgern zu helfen.

Adresse Id. Antall József rakpart, V. Bezirk, 1054 Budapest | **ÖPNV** Metro 2 oder Straßenbahn 2 bis Kossuth Lajos tér | **Tipp** Hinter der Großen Synagoge in der Dohány utca steht ein weiteres Mahnmal für die ungarischen Juden, das Imre Varga geschaffen hat.

84 __ Der Schuhladen
Echte Budapester nach Maß von Herrn Vass

Im Laden von Herrn Vass werden Schuhe verkauft. Ein sehr beliebtes Modell ist der »Budapester«. Diesen Schuh zeichnet eine spezielle Leistenform aus, sie ist breit und relativ gerade. Er hat eine etwas höhere Spitze und die typische Lochverzierung. Der Budapester, das ist ein Schuh, den man fürs Leben kauft. Er hat seinen Preis, ist aber bei guter Pflege unverwüstlich. Neben dem Budapester gibt es unter anderem die Modelle »Alt Wien« und »Theresianer«, »Oxford« oder »Wholecut«. Man betritt hier eine Welt, die mit ihrer Vielfältigkeit und Qualität vor allen Dingen den Laien überraschen mag.

Das erste Geschäft der Firma Vass, das nun seit beinahe 40 Jahren besteht, ist nicht viel größer als ein Schuhkarton. Wer für längere Zeit in der Stadt weilt, der kann hier genau Maß nehmen lassen. Und zwar in den Vormittagsstunden, denn zu dieser Zeit sind die Füße dazu am besten geeignet. Hat man sich für ein Modell entschieden, gilt es, Farbe und Art des Leders auszuwählen.

Und, nun gut, ein bisschen Geld sollte man auch in der Tasche haben. Nach etwa sechs Wochen sind die Schuhe fertig und können abgeholt werden. Selbstverständlich findet dann nochmals eine Anprobe statt. Drei Jahre lang werden dann die persönlichen Leisten aufbewahrt, sodass ein Schuh unkompliziert nachbestellt werden kann.

Im Geschäft gibt es aber auch bereits fertige Modelle zu kaufen. Sie sind ebenfalls handgenäht. Vor einigen Jahren eröffnete ein zweiter Laden in der Haris köz utca, nur einige Häuser weiter. Er ist nicht mehr ganz so klein und sieht schlicht und elegant aus. Es ist nicht zu übersehen, dass die Qualität der Schuhe von Laszlo Vass Erfolgsgeschichte schreiben. Menschen aus der ganzen Welt kaufen bei ihm ein. Herr Vass ist außerdem ein leidenschaftlicher Kunstsammler und hat in Veszprém eigens ein Museum gegründet, in dem seine Sammlung gezeigt wird.

Adresse Haris köz 2 und 6 (geht von der Váci utca ab), V. Bezirk, 1052 Budapest, Tel. +36/1/3182375, www.vass-shoes.hu | **ÖPNV** Metro 3 bis Ferenciek tere, von dort aus sind es wenige Minuten zu Fuß | **Öffnungszeiten** Mo – Fr 10 – 19 Uhr, Sa 10 – 16 Uhr | **Tipp** Werfen Sie einen Blick auf die besonderen Häuser am Szervita tér. Die Hausnummer 3 ziert ein wunderschönes Mosaik im Giebel.

85 __ Die Schule von Béla Lajta
Wo weise Eulen den Eingang bewachen

Diese Schule ist ein echtes Architekturjuwel! Eine Reihe der Details, die sie dazu machen, ist im Inneren des Gebäudes zu entdecken. Um dieses zu Gesicht zu bekommen, muss man sich allerdings erst einmal am Hausmeister vorbeimogeln. Am besten gelingt es morgens, wenn die Schüler kommen. Oder man versucht es mit viel Höflichkeit und etwas Charme!

Der Architekt der Handelsschule im achten Bezirk heißt Béla Lajta. Er hat auch, gemeinsam mit Ödön Lechner, das berühmte Mausoleum für die Familie Schmidl (s. Seite 174) entworfen. Er wurde nur 47 Jahre alt, schuf aber viele Gebäude in Budapest sowie eine Reihe von Grabstätten auf den jüdischen Friedhöfen. Im Laufe der Jahre entwickelte Béla Lajta einen ganz eigenen Stil. Die Formensprache seiner Architektur ist nicht ausufernd und blumig, sondern lehnt sich eher an Wiener Sezession und Art déco an. An der Handelsschule im achten Bezirk ist das gut zu erkennen. Sie ist ganz aus dunkelrotem Backstein gebaut. Die Vorderseite wird von fünf Säulen, die bis unter das Dach streben, aufgelockert sowie durch vertikale Pfeiler, die jeweils mit einer Eule, dem Symbol für Weisheit, gekrönt sind. In den reichen Verzierungen an der Fassade sind bei genauerem Hinsehen Lokomotiven und Schiffe zu erkennen, Symbole für den Handel. Über der Tür des Haupteingangs stehen in großen Buchstaben die Worte »non scholae, sed vitae discimus« geschrieben. Diese Tür ist über und über mit Metall beschlagen, in das ebenfalls viele Muster und Motive eingearbeitet wurden.

Im Inneren der Handelsschule kann man den Fußboden und die Wandkacheln bewundern. An den Treppenaufgängen sind große Art-déco-Lampen installiert. Die Türen zu den Klassenzimmern und Toiletten sind in einem grünblauen Ton gestrichen und mit hübschen folkloristischen Mustern verziert. Eine wirkliche Entdeckung! Ein weiteres herausragendes Bauwerk von Béla Lajta ist das Neue Theater in der Paulay Ede utca.

Adresse Vas utca 9–11, VIII. Bezirk, 1088 Budapest (Neues Theater/Uj Színház, Paulay Ede utca 35, VI. Bezirk, 1061 Budapest) | **ÖPNV** Metro 2 bis Blaha Lujza tér, von dort knappe zehn Minuten Fußweg | **Tipp** Nicht weit vom Blaha Lujza tér entfernt liegt der Keleti Pu, der Ostbahnhof. Er wurde 1884 im Neorenaissance-Stil fertiggestellt und ist ebenfalls ein imposanter Bau. Das altehrwürdige Café Hauer in der Rákóczi út hat nach einer Sanierung wieder im alten Glanz eröffnet.

86 Das Semmelweis-Museum
Retter der Mütter

Als »Retter der Mütter« ging er in die Geschichte ein. Orte, die an Ignaz Philipp Semmelweis (1818 – 1865) erinnern, gibt es in Budapest einige: Da ist die Universität für medizinische Fächer und Sport, die seinen Namen trägt, ein Semmelweis-Denkmal vor dem alten Krankenhaus Rókus kórház oder sein Grabmal auf dem Kerepesi temető (Friedhof). Und nicht zu vergessen das frühere Wohnhaus der Familie, in dem heute das Semmelweis-Museum untergebracht ist.

Es liegt unterhalb des Burgbergs und zeigt Entwicklungen in der Medizin anhand einiger interessanter Exponate bis hin zu wechselnden Sonderausstellungen. Im Museum ticken die Uhren noch ganz langsam: Die Kassiererin schreibt die Eintrittspreise einzeln auf, rechnet sie fein säuberlich zusammen und stellt dann eine Quittung aus. Die Aufseher scheinen etwas skeptisch, aber schon ein »jò napot« kann das Eis brechen, und sie versuchen, alte Gegenstände oder Arztstühle zu erläutern.

Semmelweis wuchs in diesem Haus auf, studierte Medizin, ging nach Wien und untersuchte dort die Zusammenhänge zwischen Kindbettfieber und Bakterien. Er führte das damals häufig auftretende Fieber auf die mangelnde Hygiene zurück. Dazu zählten schmutzige Hände genauso wie unreine Instrumente und Verbandszeug. Er wollte neue Vorschriften einführen und forderte seine Kollegen auf, Hände und Geräte vor jeder Behandlung zu desinfizieren. Damit machte er sich unbeliebt, und lange Zeit blieben seine Erkenntnisse umstritten. Er verärgerte seine Kollegen so sehr, dass er Wien schließlich verlassen musste. Zurück in seiner Heimat wurde er Chefarzt am Rókus-Krankenhaus (später lehrte er an der Medizinischen Universität). In Budapest stritt er heftig weiter und wurde schließlich ohne wirkliche Diagnose in die Landesirrenanstalt eingeliefert, in der er bereits zwei Jahr später unter ungeklärten Umständen verstarb.

Adresse Semmelweis Orvostörténeti Múzeum, Apród utca 1–3, I. Bezirk, 1013 Budapest, Tel. +36/1/2011577, www.semmelweis.museum.hu | **ÖPNV** Straßenbahn 19 oder 41 bis Döbrentei tér oder Bus 86 bis Ybl Miklós tér | **Öffnungszeiten** Nov–Feb. Di–Fr 10–16, Sa–So, Feiertage 10–18 Uhr | **Tipp** Unter dem Burgberg befindet sich das Felsenkrankenhaus. Die Höhlen dienten lange als Weinlager, wurden dann während des Zweiten Weltkriegs zum Krankenhaus ausgebaut und können heute besichtigt werden. Der Eingang befindet sich in der Lovas út 4 (Rückseite des Burgbergs und oberhalb des Südbahnhofs).

87 Der »singende Brunnen«
Wassermusik auf der Margareteninsel

Im Grunde ist es seltsam, dass er nicht häufiger hervorgehoben wird. Denn hier am Brunnen treffen sich immer viele Leute, sitzen auf der Wiese oder auf den Bänken rundherum, fangen an zu tanzen oder summen mit. Alle freuen sich über die Musik und die Wasserfontänen dazu. Am schönsten ist es, zu beobachten, wenn am Morgen Kindergartengruppen oder Grundschulklassen vorbeikommen. Ihr Spaß und ihre überschwängliche Freude sind einfach mitreißend.

Die Margareteninsel ist DAS Naherholungsgebiet der Stadt. Hier kann man auf der Tartanbahn, die einmal rund um die Insel führt, laufen gehen (eine Runde sind gut fünf Kilometer), und es gibt zwei Schwimmbäder. Außerdem befindet sich am Anfang der Insel ein Verleih kleiner Wägelchen (Bringóhintó), die per Pedal betrieben werden und sich bei Familien großer Beliebtheit erfreuen. Und dann natürlich: Wiesen, Bäume und Blumen und viele Bänke, auf denen man sich zu einer Pause niederlassen kann. Die gesamte Insel ist autofrei. Nur von der Arpádhíd aus ist es möglich, mit dem Pkw bis auf den Parkplatz beim Grand- und Thermalhotel zu fahren. Seit einiger Zeit gibt es Golf-Carts, und ein öffentlicher Bus verkehrt auf der Insel.

Der »singende Brunnen« existiert schon seit 1962, und seine Wasserfontänen werden zum Rhythmus der Musik erzeugt. Dabei erreichen sie eine Höhe von bis zu 25 Metern. Der Durchmesser des Brunnens beträgt 35 Meter, und er enthält etwa 400 Kubikmeter Wasser. Seit beinahe zwei Jahren läuft auf der gesamten Margareteninsel eine Generalüberholung. Auch der Musikbrunnen wurde saniert. Seitdem erklingen nicht nur klassische Melodien wie die »Ungarischen Tänze« von Brahms, Stücke von Verdi oder Johann Strauss, sondern auch Musik von den Rolling Stones oder Simon & Garfunkel wurde ins Repertoire aufgenommen. Abends in der Dunkelheit finden nun außerdem Lightshows statt, um die Besucher zu erfreuen.

Adresse Margareteninsel (Margitsziget), VIII. Bezirk, 1138 Budapest | **ÖPNV** Straßenbahn 4 oder 6 bis zur Mitte der Margaretenbrücke fahren, von dort aus zu Fuß auf die Insel; Bus 26 fährt direkt auf die Insel, dort gleich vorne am Eingang aussteigen | **Öffnungszeiten** Mai–Okt. um 10.30 Uhr beginnt das erste Musikprogramm, abends um 18 und 21 Uhr wird das gesamte Musikrepertoire gespielt | **Tipp** Das Holdudvar ist ein nettes Open-Air-Lokal auf der Insel.

88 Die Sipeki-Villa
Ungarische Volkskunst an der Fassade

Da steht sie plötzlich ganz einsam und beinahe wie vergessen. Einige schöne Nachbarn gibt es noch, aber sie bilden eine Insel in der heute etwas trostlosen Gegend, wenn man vom Zoo kommend hierherspaziert.

Der Kontrast ist umso stärker. Im letzten Jahrhundert war dies eine gute Adresse. Erst überquert man eine riesige Kreuzung, und dann führt der Weg an einer Reihe von einfallslosen Miethäusern vorbei. Und plötzlich dieses Prachtstück!

Der Garten zur Sipeki-Villa öffnet sich hinter einem großen Tor. An einigen Fenstern sind die Rollläden heruntergelassen. So viele kleine Türmchen, Erker, Balkone und Schornsteine. Und nicht zu vergessen die wunderschöne gusseiserne, halbrunde Konstruktion, die den ebenerdigen ehemaligen Wintergarten umgibt. Dieser befindet sich an der Vorderfront und damit an einer etwas ungewohnten Stelle. So bildet er hier ein bestimmendes Element. Dazu die schmückende Ornamentik an der asymmetrischen Fassade, Jugendstil-Gesichter und Pflanzenelemente und außerdem ein kleiner gusseiserner Baldachin über der Eingangstür. Ein wenig erinnert das alles an den spanischen Modernismo und Gaudí. Mit dessen organischer Architektur werden die Arbeiten Ödön Lechners auch von einigen verglichen. Er erbaute die Villa in den Jahren 1904/05 für den Ministerialrat Béla Sipeki Balázs. Das Haus eines Ministerialrats stellt man sich eigentlich anders vor – hier diente die ungarische Volkskunst als Ideengeber.

Heute befindet sich in dem Gebäude der Sitz des ungarischen Blindenvereins. Leider scheint für eine Renovierung kein Geld zur Verfügung zu stehen. So wohnt der Villa zwar der Charme vergangener besserer Tage inne, aber traurig ist es doch. Achten Sie auf den etwas armseligen Vogel auf einem der kleinen Türme; ihm fehlt ein Flügel, und lediglich das Metallgelenk, an dem dieser einst befestigt war, stakt trostlos in die Luft.

Adresse Hermina út 47, am Varosliget (Stadtwald), IV. Bezirk, 1146 Budapest | **ÖPNV** Metro 1 bis Hősök tere oder mit Bus 74 bis Közlekedési Múzeum | **Tipp** In der Hausnummer 45 gleich nebenan lebte um 1900 Istvan Tisza, ehemaliger Ministerpräsident und wichtiger Politiker Ungarns. Er wurde hier 1918 während der sogenannten Asternrevolution erschossen.

89 Die Skulptur Donauwind
Von der Sehnsucht am großen Strom

Früher stand sie neben dem Eingang des einstigen Grandhotels »Hungária«. Dieses wurde im Zweiten Weltkrieg von einer deutschen Bombe zerstört. Das Grandhotel war nur eines einer ganzen Reihe vornehmer Hotels, die sich damals hier am Donaukorso befanden. Durch den Bau der Kettenbrücke Mitte des 19. Jahrhunderts hatte die Umgebung am Ufer der Donau eine ganz neue Bedeutung bekommen. Die gute wirtschaftliche Entwicklung dieser Epoche tat ein Übriges. Es wurde gebaut: Hotels und ein vornehmer und teurer Mietpalast, das Thonet-Haus, entstanden. Letzteres Gebäude ist übrigens auch das einzige, das aus dieser Epoche noch erhalten geblieben ist. Außerdem öffneten Kaffeehäuser mit Terrassen und Restaurants nach und nach ihre Türen. Am Donaukorso ging man flanieren, sah und wurde gesehen.

Die Figur »Donauwind« wurde hier erstmals 1937 aufgestellt, geschaffen hatte sie Pál Pátzay, ein ungarischer Bildhauer, der lange Jahre eine Reihe von Skulpturen für den Budapester Stadtraum schuf. Dort, wo sie einst stand, soll von der Donau her immer ein Lüftchen zu spüren gewesen sein. Deshalb schmiegt sich das Kleid der weiblichen Figur auch eng an ihren Körper, sie hält die Nase in den Wind, und es sieht so aus, als genieße sie ihn.

Als der Korso nach langer und wechselhafter Zeit in den 90er Jahren erneut den Fußgängern gehörte, sollte auch die Skulptur hier wieder einen würdigen Platz erhalten. Eine ganze Weile hatte sie in einem Schwimmbad gestanden, und war dann in der Nationalgalerie aufbewahrt worden. Allerdings musste ein neuer Platz für sie gefunden werden, denn an ihrem einstigen steht heute wieder ein Hotel. Also wurde die bronzene Dame an der Seite des InterContinental aufgestellt. Auf einem Marmorsockel, der von wellenförmigen Linien durchbrochen ist, hält sie dort heute wieder ihr Gesicht in Richtung Fluss.

Ob der Wind hier ebenfalls zu spüren ist? Probieren Sie es aus!

Adresse Donaukorso (Duna korzó), V. Bezirk, 1052 Budapest, Seite des Hotels InterContinental | **ÖPNV** Straßenbahn 2 bis Széchenyi tér | **Tipp** Bei gutem Wetter kann man sich auf einer der Terrassen des Donaukorso zu einer Erfrischung niederlassen. Oder den kleinen Park vorm Vigadó ansehen.

90 — Der Strudelstand
Süß und sauer, herzhaft und köstlich

Krautstrudel, Spinatstrudel, Sauerkirschstrudel, Apfelstrudel, Topfenstrudel, Aprikosen-, Wallnuss- und nicht zu vergessen Mohnstrudel … So ließe sich die Reihe noch eine ganze Weile lang fortsetzen, denn den guten Strudelteig kann man mit so vielen köstlichen Dingen füllen. Hier in der großen Markthalle tut man es, hier werden all die leckeren Strudel jeden Tag aufs Neue zubereitet. Man kann sogar dabei zuschauen, wie der schöne, dünne Teig ausgezogen, bestrichen und gefüllt wird. Es heißt, das ungarische Mehl eigne sich besonders gut zum Teig-Ausziehen, und hier schmecke der Strudel anders als in Österreich. Ob das stimmt, muss natürlich überprüft werden!

Den kleinen Eckstand in der großen Markthalle gibt es nun schon seit einigen Jahren, und er ist bei Einheimischen wie Touristen gleichermaßen beliebt. Wo der Strudel eigentlich das erste Mal gebacken wurde, das weiß keiner so genau. War es im großen Reich der Habsburger, oder haben die Türken ihn einst hergebracht? Fest steht: »Dein Strudelteig ist erst gut, wenn Du von einem semmelgroßen Laibchen einen Husaren samt Ross in Teig einwickeln kannst.« So zumindest steht es in einem alten ungarischen Kochbuch geschrieben. Hier in der Markthalle wird der Strudel meisterhaft zubereitet, und bei der riesigen Auswahl ist für jeden Geschmack etwas dabei.

Eine weitere kleine Sensation, die man sich keinesfalls entgehen lassen sollte, sind die Stände im Keller der Markthalle, die sauer eingelegte Paprika, Gurken, Kraut oder Zwiebeln anbieten. Das Ganze wird meist in großen Einweckgläsern bunt geschichtet und mit kleinen karierten Stoffläppchen um den Deckel verschlossen. Manchmal werden auch sorgfältig Gesichter in die Gläser gelegt: ein Stück Paprika als Mund und dunkle Wacholderbeeren als Augen. Eine sehr farbenfrohe Angelegenheit, die auf keinen Fall versäumt werden darf!

Adresse Große Markthalle am Fővám tér, IX. Bezirk, 1093 Budapest | **ÖPNV** Straßenbahn 2, 47 oder 49 bis Fővám tér, wenn man die Halle durch den mittleren Eingang betritt, liegt der Stand ungefähr in der Mitte des zentralen Gangs | **Öffnungszeiten** Mo 6 – 17 Uhr, Di – Fr 6 – 18 Uhr, Sa 6 – 14 Uhr | **Tipp** Im Rétesház in der Október 6 utca werden Strudel mit verschiedensten Füllungen serviert (V. Bezirk, 1051 Budapest, täglich 9 – 23 Uhr geöffnet, Tel. +36/1/4280134).

91 Der Szabadság tér
Ein wunderschöner Platz mit viel Symbolik

Er gehört zweifelsohne zu den schönsten und eindrucksvollsten Plätzen der Stadt und liegt gleich um die Ecke des ungarischen Parlaments. Dennoch ist der »Freiheitsplatz« eine Sehenswürdigkeit, auf die man eher zufällig stößt. Umgeben ist er von imposanten Gebäuden, die ein in sich geschlossenes, ganz besonderes Architekturensemble bilden. Autos dürfen hier nicht fahren, was natürlich die gediegene Atmosphäre unterstreicht. Auf dem Szabadság tér kann man schlendern, sich auf eine der vielen Bänke setzen und den Angestellten der umgebenden Büros und Banken dabei zusehen, wie sie zu ihren Arbeitsplätzen eilen. Hier gibt es zwei bei schönem Wetter immer gut besuchte Spielplätze, und in der Mitte liegt ein kleines Café.

Der Platz ist in Form eines Hufeisens angelegt, wobei seine Öffnung in Richtung Zentrum zeigt. Betritt man ihn von dort aus, liegt zur Rechten die ungarische Nationalbank und direkt gegenüber ein großer Palast, in dem ursprünglich die ungarische Börse untergebracht war. Hier unten, an der Öffnung des Hufeisens, wurde kürzlich das sogenannte »Besetzungsdenkmal« errichtet, das für Wirbel sorgte. Der deutsche Reichsadler stürzt sich auf den Erzengel Gabriel, der das wehrlose Ungarn verkörpert. Schon die Machart ist ausgesprochen rückwärtsgewandt und die Sichtweise dazu »merkwürdig«.

Beinahe am oberen Ende des Platzes liegt rechts die amerikanische Botschaft; gut zu erkennen an der Menschenschlange, die sich hier meist während der Bürozeiten vor der Absperrung wochentags bildet. Eine Skulptur des amerikanischen Präsidenten Ronald Reagan, die vor einigen Jahren auf Höhe der Vécsey utca enthüllt wurde, sieht aus, als befände sich dieser gerade auf dem Weg dorthin. Und dann ist da noch das Denkmal, das an die Befreiung durch die russische Armee nach dem Zweiten Weltkrieg erinnert. Auf seiner Spitze prangt ein goldener Stern. Unbedingt ansehen!

Adresse Szabadság tér, V. Bezirk, 1054 Budapest | **ÖPNV** Metro 2 bis Kossuth Lajos tér oder Metro 3 bis Arany János utca | **Tipp** Gleich um die Ecke befindet sich die von Ödön Lechner entworfene Postsparkasse, ein weiteres Highlight der Stadt. In der Hold utca gleich nebenan befindet sich die Dachbar »Intermezzo«. Von dort aus hat man am Abend einen traumhaften Blick über das bunte Dach der Postsparkasse bis hin zum Parlament.

92 — Der Szent Gellért tér
Futuristisches Design in der neuen Metrolinie

Willkommen in der Zukunft. Eine Fahrt mit der Metro 4 beweist, dass auch die Stadt Budapest endgültig auf dem Weg in eine neue Zeit ist. Die Metro verkehrt vollautomatisch und soll in der Zukunft ohne einen menschlichen Fahrer auskommen. In der Pilotphase sind diese allerdings noch an Bord. Sie verbindet Buda und Pest unterhalb der Donau miteinander, startet am Ostbahnhof (Keleti Pályaudvar) und endet am Kelenföldi-Bahnhof im Südwesten. Zehn Jahre hat der Bau gedauert, heute gehört die Metro 4 zu den modernsten U-Bahnen Europas. Eine Fahrt lohnt sich, weil es so schön tief hinuntergeht und die einzelnen Stationen mit fortschrittlichstem Design aufwarten.

Jeder U-Bahnhof wurde von verschiedenen Architektenteams einzigartig gestaltet. Die Station am Gellért Hotel zum Beispiel ist besonders bunt und lebendig. Die Wände wurden über und über mit pixeligen Mustern versehen. Der Kontrast zwischen alt und modern ist hier besonders spektakulär. Oben das vornehme, weltbekannte Jugendstilhotel und Heilbad, unten die verrückte, trubelige Gegenwart. An der Haltestelle Fővám tér sind die enormen Betonkonstruktionen ziemlich eindrucksvoll. Bikás Park (Tétényi ut) hat eine luftige Dachkonstruktion, die auch von außen toll aussieht. Und am Kálvin tér sind in den Mosaiken Verse eines Psalms der protestantischen Kirche verborgen. Augen auf bei der Besichtigung der Stationen und der eigenen Fotos, denn auch dort sind zuweilen erstaunliche Details und Überraschungen zu entdecken!

Die neue Strecke der Budapester Metro ist gute sieben Kilometer lang und fährt seit 2014. Der Eröffnungstermin musste achtmal verschoben werden. Selbstverständlich überstiegen die Kosten für den Bau die Planung ebenfalls um einige Millionen Euro. Doch nun sind selbst die Budapester stolz auf die neue Errungenschaft, und so manch einem Gast werden die heute zehn Stationen inzwischen als Sehenswürdigkeit vorgeführt.

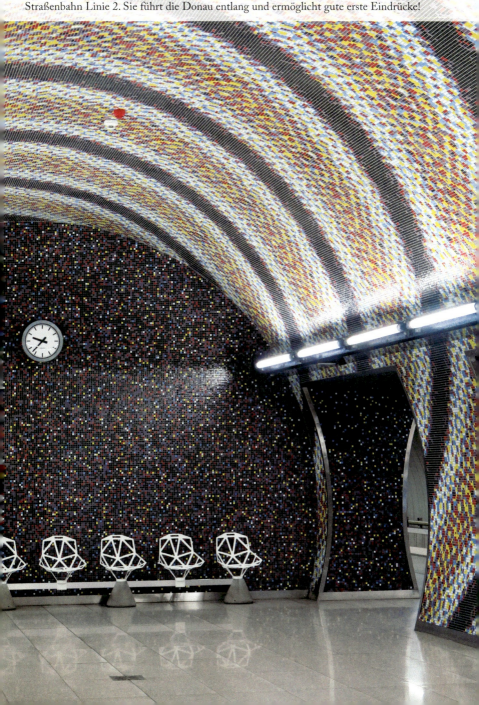

Adresse Die Metrolinie 4 verkehrt zwischen Kelenföldi Pályaudvar (XI. Bezirk) und Keleti Pályaudvar (VII. Bezirk). | **Tipp** Viel von Budapest zu sehen gibt es bei einer Fahrt mit der Straßenbahn Linie 2. Sie führt die Donau entlang und ermöglicht gute erste Eindrücke!

93 _ Der Szent-István-Park
Spaziergang mit Aussicht

Der Szent-István-Park ist ein toll angelegter kleiner Stadtpark mit herrlichem Blick auf die Budaer Berge und die Donau. Von Weitem sieht man die Jogger auf der Margareteninsel ihre Runden drehen. Es herrscht eine angenehme und familiäre Atmosphäre. Mütter oder Großmütter sitzen hier morgens gern auf einer der Bänke in der Sonne und schieben die Kinderwagen an ihrer Seite hin und her. Ein Zaun umgibt das Gelände, sodass auch die ersten Radfahrversuche der Kleinen ganz ohne Stress unternommen werden können. Im Laufe des Tages kommen viele, gehen spazieren und lassen sich zum Picknick oder einfach nur zum Faulenzen auf den Grünflächen nieder.

Der Park hat in etwa die Form einer breiten Pyramide. Zum Ufer der Donau hin wird er immer ausladender, während der schmalere Teil, die Pyramidenspitze sozusagen, oben an der Hollán-Ernő utca endet. Als der Park angelegt wurde, wurden die Gebäude ringsherum seiner Form angepasst und nicht umgekehrt, was eine seltene Ausnahme bildet. Entstanden ist die Anlage in den 30er Jahren, als auch die Wohnblocks des »Neue Leopoldstadt« (Újlipótváros) genannten Viertels errichtet wurden. Dort, wo sich zur Pozsonyi utca hin das Eingangstor befindet, stehen zu beiden Seiten Pavillons. Es gibt ein Wasserbecken mit einer kleinen Brücke darüber, und die zahlreichen Beete werden regelmäßig hübsch bepflanzt. Einige Denkmäler sind ebenfalls zu bewundern, und während der Sommermonate werden Konzerte organisiert.

Die Pozsonyi út, die am Park entlangführt, gilt als das Herz des Viertels. Hier gibt es viele kleine Läden, Bäckereien und Cafés. Noch immer kann man etwas von dem mondänen Flair spüren, das die Gegend früher ausmachte, und es hat den Anschein, dass sich auch heute wieder die junge und besser verdienende Schicht von der Neuen Leopoldstadt angezogen fühlt. Mittlerweile zählt sie zu den teuersten Vierteln der Stadt.

Adresse Pozsonyi út, VIII. Bezirk, 1137 Budapest, ungefähr auf Höhe der Hausnummer 30 beginnt der Park | **ÖPNV** Straßenbahn 2, 4 oder 6 bis Jászai Mari tér, dort beginnt die Pozsonyi út | **Tipp** Im Park in der Nähe des Donauufers befindet sich eine Statue für den schwedischen Diplomaten Raoul Wallenberg, der vielen ungarischen Juden das Leben rettete.

94 __ Szimpla's Market
Sonntagseinkauf in der Ruinenbar

Das »Szimpla Kert« (Simpler Garten) gilt als erste und populärste Ruinenbar der Stadt Budapest (s. Seite 170). Mit dieser Institution zog 2001 ein frischer Wind in die alten Gebäude des heute so beliebten jüdischen Viertels. Seit einiger Zeit wird in dieser Bar im VII. Bezirk aber nicht mehr nur getrunken und gegessen, sondern es findet jeden Sonntag ein Markt statt. Ein Besuch lohnt nicht nur, wenn man Produkte aus der Region kaufen möchte, sondern auch die außergewöhnliche Location mit ihren bunten Dekorationen ist sehenswert. Hier hängen eigenwillige Lampenkonstruktionen oder Räder von der Decke, und bunt bemalte Stühle kleben an den Wänden. Es hat ein wenig von einem Trödelmarkt im Hinterhof. Eine Mischung aus Abbruchstimmung und Aufschwungseuphorie vom alten Budapest in eine junge moderne Zeit herrscht hier. Verantwortlich für die inzwischen zahlreichen Szimpla's-Projekte sind vier ehemalige Studienkollegen. Und Szimpla gibt es heute auch in Berlin.

Der Markt erfreut sich solcher Beliebtheit, weil es eine große Auswahl an lokalen Spezialitäten zu kaufen gibt: unterschiedliche Salamisorten, eingelegtes Gemüse, zahlreiche Dips, Aufstriche und Saucen, Biobrot und -brötchen, frischen Ziegen- oder Räucherkäse, Gemüse- und Obstsäfte und vieles mehr. Und die Anbieter kommen aus der Umgebung. Die Stände sind hübsch mit karierten Decken dekoriert, daneben werden bunte Schirme aufgespannt. Hier lernt man das eher alternative Budapest kennen und unterstützt zudem noch die ungarischen Bauern. Bei vielen Einheimischen ist der Szimpla's Farmer Market schon zur Institution geworden.

Es macht Spaß, am Sonntagmorgen durch das jüdische Viertel zu spazieren und sich dann der Atmosphäre des Marktes hinzugeben, der bis zum Nachmittag geöffnet ist. Hoffentlich bleibt diese so bunte Einrichtung erhalten und gewinnt noch viele Besucher und Arbeiter.

Adresse Szimpla's Farmer Market, Kazinczy utca 14, VII. Bezirk, 1075 Budapest | **ÖPNV** Bus 74 bis Nagy Diófa utca; auf der Dohàny utca weiter bis zur nächsten Straße rechts in die Kazinczy utca | **Öffnungszeiten** So 9–14 Uhr | **Tipp** Im Sommer finden alle zwei Wochen am Montag im Szimpla's gratis Kinovorführungen statt. Es sind alte Filme im Original mit Untertiteln à la »Pünktchen und Anton«, »Der blaue Engel« oder »Angst essen Seele auf« zu sehen.

95 Das Terminal
Rund um den Erzsébet tér

Der Erzsébet tér ist ein zentraler Platz in Budapest, der Tag und Nacht belebt ist. Seinen Namen verdankt er der in Ungarn besonders beliebten Kaiserin Sissi, der Frau des habsburgischen Kaisers Franz Joseph. Zwischendurch wurde er in Stalin- und Engels-Platz umbenannt, seit 1990 darf er wieder Elisabeth-Platz heißen. Ein architektonisch interessantes Gebäude teilt seine Fläche in zwei Abschnitte. Es erinnert ein wenig an eine Stadiontribüne, könnte sich dabei aber auch um ein Messegebäude aus den 50er Jahren handeln. Aus dieser Zeit stammt es, und entworfen wurde es von dem ungarischen Architekten Nyiri István. Errichtet aus Beton wurden funktionalistische Stilelemente mit Einflüssen des Bauhauses kombiniert. Viele Jahre war an ebendieser Stelle das Terminal, der zentrale Busbahnhof der Stadt. Um einen Eindruck zu gewinnen, lohnt sich ein Blick ins Innere. Hier befindet sich heute unter anderem das beliebte Lokal »Fröccsteraz«. Fröccs ist ein in Ungarn populäres Sommer-Getränk. Bei dieser Weinschorle spielt das Sodawasser die entscheidende Rolle. Dieses wird aus Siphonflaschen mit starkem Druck in den Wein gespritzt, weshalb es in Österreich auch »Gespritzter« genannt wird. Zum Lokal gehört außerdem eine weitläufige Terrasse, die bei schönem Wetter immer gut besucht ist.

Das Erscheinungsbild des Erzsébet tér hat sich in den letzten Jahren immer wieder gewandelt. Lange Zeit war der wunderschöne Danubius-Brunnen im alten Teil des Platzes die Hauptattraktion. Mit der Zeit entstanden neue Grünflächen, ein Skatepark, und besonderer Beliebtheit erfreut sich heute im Sommer ein großes Wasserbecken in Richtung Bajczy Zsilinszky út. Dann sitzen zahlreiche junge Leute auf den hellen Steinen rundherum und lassen ihre Füße zur Erfrischung im kühlen Nass baumeln. Seit 2017 gibt es die Möglichkeit, im Riesenrad »Budapest Eye« die Stadt aus der Höhe zu betrachten.

Adresse Erzsébet tér 11, 1051 Budapest, V. Bezirk, Telefon +36/30/4195040 | **ÖPNV** Metro 1, 2 oder 3 bis Deák Ferenc tér und dann direkt auf den Erzsébet tér gegenüber | **Öffnungszeiten** Fröccsteraz: So–Mi 12–24 Uhr, Do 12–2 Uhr, Fr und Sa 12–5 Uhr | **Tipp** Auf der Budaer Seite, am Döbrentei tér (Auffahrt zur Elisabeth-Brücke), steht eine der schönsten Bronzefiguren von Sissi, die 1867 zur Königin von Ungarn gekrönt wurde.

96 __ Der Tisza-Laden
Eine alte ungarische Marke zu neuem Leben erweckt

Wer der jungen ungarischen Generation ab und an auf die Schuhe schaut, dem werden sie vielleicht irgendwann auffallen: die Turnschuhe mit dem aus drei Balken zusammengesetzten »T«, das es in vielen verschiedenen Farben gibt. Das »T« steht für Tisza (ausgesprochen wie Tissa), und Tisza, das war zu sozialistischen Zeiten die Sportschuhmarke Ungarns. Tisza ist außerdem der ungarische Name für den Fluss Theiß.

Tisza-Schuhe wurden für alle möglichen Arten von Sport hergestellt, von Fußball oder Basketball bis hin zum Fechten. Die Qualität der Schuhe war sehr gut – sie ist es heute wieder –, so gut, dass sogar Adidas Anfang der 70er Jahre auf die Idee kam, einen Teil seiner Produktion nach Ungarn zu verlegen und in derselben Fabrik fertigen zu lassen. Zehn Millionen Schuhe wurden im Jahr hergestellt. Nicht schlecht bei einer Bevölkerungszahl, die ähnlich groß ist. Ein Teil der Schuhe wurde in die sozialistischen Nachbarländer exportiert.

Dann kam die Öffnung des Landes, und die Leute wollten endlich die Sportmarken des Westens kaufen, die ihnen so lange vorenthalten wurden. Die Marke Tisza verkam zum Ladenhüter. Bis einige Jahre später der geschäftstüchtige Laszlo Vídak einen Jungen mit den Turnschuhen seiner Kindheit auf der Straße sah und die Idee hatte, die Marke wieder aufleben zu lassen. Auch der Retrotrend gab dem Unternehmen Aufwind. Eine weitere Besonderheit dieser Schuhe ist, dass man sie wirklich nur in Ungarn im Geschäft kaufen kann. Und das mittlerweile in jeder größeren Stadt des Landes. Man kann sie allerdings online ins Ausland liefern lassen.

In Budapest gibt es heute zwei Standorte. Nur in der Károly körút allerdings werden ausschließlich Tisza-Produkte angeboten. Neben allerlei Arten von Sportschuhen gibt es hier außerdem T-Shirts, Mützen oder Taschen. Laszlo Vídaks Instinkt hat ihn nicht getrogen – eine echt ungarische Marke ist zurück.

Adresse Károly körút 1, VII. Bezirk, 1075 Budapest und Westend Citycenter am Westbahnhof, Váci út 1–3, 1062 Budapest, www.tiszacipo.hu | **ÖPNV** Straßenbahn 4 und 6 bis Westbahnhof oder Metro 2 bis Astoria | **Öffnungszeiten** Károly körút Mo–Fr 10–19 Uhr, Sa 9–13 Uhr; Westend Mo–Sa 10–21 Uhr, So 10–18 Uhr | **Tipp** Im altehrwürdigen Restaurant des Astoria-Hotels schräg gegenüber kann man in angenehmer Atmosphäre Kaffee trinken.

97 Das Uránia-Kino
Tausendundeine Nacht

Kaum zu glauben und doch wahr: In Budapest existiert ein altes Kino, das an Geschichten aus Tausendundeiner Nacht erinnert. Trotz seiner Lage an der Rákóczi út, einer der Hauptverkehrsadern von Pest, verbreitet das Uránia einen Hauch von orientalischem Charme und Flair.

Ende des 19. Jahrhunderts ließ ein ungarischer Unternehmer das Kino erbauen. Bälle und Konzerte sollten dort veranstaltet werden. Der mit der Planung beauftragte Henrik Schmal ist durch ein weiteres architektonisches Prachtstück der Budapester Innenstadt bekannt, den »Parizsi udvar« (Pariser Hof) am Ferenciek tere. Der Architekt kombinierte geschickt Elemente venezianischer Gotik mit maurischen Mustern und Formen. Und so kann man im Uránia Rundbögen, großzügige Treppenaufgänge, vergoldetes Dekor auf roten und blauen Wänden, arabische Leuchten und vieles mehr bestaunen. Eröffnet wurde das Uránia schließlich als Kabarett, ging aber in Windeseile pleite. Die Akademie der Technik, auf der Suche nach einem repräsentativen Vorführraum, rettete das Gebäude vor dem Ruin. So entstand das »Ungarische wissenschaftliche Theater Uránia«. 1901 wurde der erste unabhängige ungarische Spielfilm hier gedreht. Einige Jahre später erfolgte die endgültige Umgestaltung zu einem Kino nach dem Vorbild des Berliner »Universum«.

Trotz der Privatisierungswelle ab 1990 blieb das Uránia weiterhin in staatlicher Hand. Nach umfassender und behutsamer Renovierung und Aktualisierung der Technik finden hier heute wieder Filmvorführungen statt. 700 Besucher finden im Uránia Platz. In erster Linie werden europäische Filme im Original (mit ungarischen Untertiteln) gezeigt, daneben stehen filmische Kunstführungen, Konzerte oder auch Ballett auf dem Programm. Da sollte für jeden etwas dabei sein. Aber schon ein Blick ins Kino oder ein Besuch des Cafés im ersten Stock genügt, um in eine andere Welt einzutauchen und das orientalische Interieur auf sich wirken zu lassen.

Adresse Uránia Nemzeti Filmszíntház, Rákóczi út 21, VII. Bezirk, 1088 Budapest, Tel. +36/1/486 3401, www.urania-nf.hu | **ÖPNV** Metro 2 bis Blaha Lujza tér oder Astoria oder Buslinien 5, 7, 8, 110, 112, 178 bis Vas utca | **Tipp** Ein weiteres schönes altes Kino ist das Puskin, Kossuth Lajos utca 18, im V. Bezirk (Tel. +36/1/4595050).

98 Das Vasarely-Museum
Op-Art in Óbuda

Op-Art ist nicht gleich Pop-Art, sondern der Kunststil hat vor allem mit Illusionen zu tun. Es war der 1906 in Pécs geborene Ungar Victor Vasarély, der diese von leuchtenden Farben und geometrischen Formen bestimmte Malerei begründete und damit eine einzigartige Wirkung erzeugte.

In den 1950er Jahren verfasste der Künstler sein eigenes Programm zu dieser neuen Stilrichtung. Darin forderte er auf, Kunstwerke als Prototypen zu gestalten, sodass diese wiederholt und vervielfältigt werden könnten. Dadurch war Kunst nicht mehr einzigartig, sondern reproduzierbar. Nicht umsonst hatte Vasarely vorher lange Zeit als Werbegrafiker gearbeitet und mit grafischen Mustern experimentiert. Während seiner Studienzeit an der Budapester Akademie für Malerei hatten ihn besonders die Arbeiten von László Moholy-Nagy und der Bauhaus-Schule inspiriert. Seine eigenen Bilder und Skulpturen zeichneten sich fortan durch ein systematisches Zusammenspiel von Farben und Formen aus, die sich auf unterschiedliche Weise zu Mustern zusammensetzten. Mit dieser optisch-kinetischen Kunst gewann er viele Preise und gehört zu den berühmtesten Op-Art-Künstlern der Welt. Er brach einer völlig neuen Stilrichtung Bahn und schuf Unmengen grafischer Werke in Schwarz-Weiß, Hell-Dunkel, Rot-, Blau- und Gelbtönen und vielen spannenden Farb- und Formenkompositionen.

Das Vasarely Múzeum im Stadtteil Óbuda ist einzig diesem Künstler gewidmet und vermittelt einen umfassenden Einblick in sein Schaffen. Hier hängt sein wichtigstes und erstes Op-Art-Werk, das Zebra. Noch zu Lebzeiten hatte Vasarely dem Museum der bildenden Künste rund 400 Bilder geschenkt. Diese sind nun seit 1987 im Südflügel des Schlosses Zichy, dem ehemaligen barocken Anwesen der berühmten Adelsfamilie gleichen Namens, zu sehen. Der Künstler verstarb 1997 im Alter von 91 Jahren in Paris. Das Museum ist eine gelungene Erinnerung an ihn.

Adresse Vasarely Múzeum, Szentlélek tér 6, III. Bezirk, 1033 Budapest, Tel. +36/1/388 7551, www.vasarely.hu | **ÖPNV** Bus 34, 134, 106, 226 oder Straßenbahn 1 oder mit der HÈV bis Szentlélek tér | **Öffnungszeiten** Di–So 10–17.45 Uhr | **Tipp** Die Sammlung Ludwig aus Köln hat einen Ableger in Budapest. Zur ständigen Ausstellung zählen amerikanische und westeuropäische Werke (Pop-Art, Fotorealismus, New Wildlife), die vom Gründer Ludwig gestiftet wurden.

99 Das Vigadó
Das einst größte Ballhaus der Stadt

Im März 2014 war es endlich so weit: Nach langer Restaurierung eröffnete die ehemalige Redoute (Ballsaal) der Stadt erneut ihre Tore. Getanzt wird hier ebenfalls wieder, nur anders als früher.

Das Gebäude wurde in den Jahren 1858 bis 1865 nach den Plänen von Frigyes Feszl errichtet, und es gilt als bemerkenswerte Schöpfung der ungarischen Romantik. Im Zusammenhang mit seiner Entstehung kam vielleicht erstmals der Gedanke an eine typisch ungarische Architektur auf. Ein Kritiker nannte das Gebäude »kristallisierten Csardas« (Tanz); möglicherweise fand er die romantischen Verzierungselemente von Fassade und Innenräumen ein wenig zu ausufernd.

Neu war jedenfalls, dass nicht der Mittel-, sondern die Eckteile des Gebäudes betont wurden. Die Tänzerskulpturen an der Außenfassade erinnern an die einstige Bestimmung des Vigadó. Einst spielte hier der österreichisch-ungarische Komponist Franz Liszt sehr häufig. Später gastierten prominente Musiker und Komponisten wie Karajan oder Rubinstein.

Der Platz vor dem Vigadó jedenfalls war seinerzeit einer der belebtesten Pests. Die Pontonbrücke, die bis zum Bau der Kettenbrücke die Verbindung zu Buda herstellte, verlief nämlich auf dieser Höhe der Donau. In den letzten Monaten des Zweiten Weltkriegs erlitt das Vigadó schwere Beschädigungen. Im März 2015 wurden sein 150-jähriges Bestehen und das erste Jahr seiner Wiedereröffnung mit vielen verschiedenen Veranstaltungen gefeiert. Heute werden hier Konzerte gegeben, Ausstellungen gezeigt, es gibt Filmvorführungen und Firmenevents. Außerdem ist im Vigadó die Bücherei der ungarischen Kunstakademie zu Hause, die mittwochs und freitags für die Öffentlichkeit zugänglich ist.

Auch wenn man kein Interesse an einem Konzertbesuch oder einer Ausstellung hat, lohnt es, einen Blick in die Eingangshalle mit ihren mächtigen Leuchtern und Säulen zu werfen.

Adresse Pesti Vigadó, Vigadó tér 2, V. Bezirk, 1051 Budapest, Tel. +36/1/328 3300, www.vigado.hu | **ÖPNV** Straßenbahn 2 bis Vigadó tér | **Tipp** In Richtung Donau, dort, wo die gelbe Straßenbahnlinie 2 entlangfährt, befindet sich ungefähr auf Höhe des Vigadó die »kleine Prinzessin«; eine Skulptur, die schon beinahe Kultstatus erreicht hat und in allen Reiseführern prangt. Na ja, Geschmackssache …

100 Die Villa Bagatelle

Ehrenwertes Haus

Im Oktober 2010 eröffnete in Buda ein neues und stilvoll eingerichtetes Lokal. Die Villa Bagatelle zeichnet sich durch ihre Vielseitigkeit aus. Sie ist Café, Bäckerei und Restaurant zugleich und ein Mini-Laden mit Dekorationsartikeln für ein schönes Zuhause dazu. All das ist hier unter einem Dach untergebracht. Das Gebäude blickt wie viele in der Stadt auf eine wechselvolle Geschichte zurück und wurde 1929 von einem Apotheker erbaut.

Kernstück der Villa ist heute die Bäckerei. Der Eigentümer Albert Wirtz hatte gemeinsam mit seiner Frau 2010 die Idee, eigenes Brot zu backen. Mit Geduld und Ruhe – und mit einem guten Sauerteig, so wie früher. Dieser wird ohne Zutaten zur Beschleunigung seinem natürlichen Reifungsprozess überlassen und erst dann von Hand geknetet und geformt. Einzigartige Brote, Brötchen und gute, einfache Blechkuchen entstehen hier – etwas anderes als die cremereichen ungarischen Torten. Anders ist auch das Café und Lokal in der Beletage der Villa: hell und freundlich, stilvoll und dezent, vornehm und familiär zugleich. Dazu gehören eine große Sonnenterrasse, Konditorspezialitäten, eigene Kaffee-Kreationen und natürlich köstlich frisches Brot.

In der zweiten Etage stehen außerdem Räumlichkeiten für Familienfeiern wie Hochzeiten oder Geburtstage und Firmenmeetings zur Verfügung.

Angeblich soll sich in der Villa Bagatelle in früheren Zeiten ein sogenanntes »Etablissement« befunden haben. Was für eine schöne Lokalität für einen Luxuspuff, hier mitten im gediegenen Villenviertel von Buda. Noch erinnern sich Anwohner und Einheimische an diese »zwielichtige« Vergangenheit. Aber heute hat die stilvolle Villa ihr ganz eigenes Flair, strahlt eine angenehme Atmosphäre aus und hebt sich so von vielen Cafés und Lokalen der Stadt ab. Eine schöne Belohnung nach einem Spaziergang durchs hügelige Buda!

PÉKSÉG

BAKERY

Adresse Villa Bagatelle, Némétvölgyi út 17, 1126 Budapest, XII. Bezirk, +36/1/2134190, www.villa-bagatelle.com | **ÖPNV** Straßenbahn 59 oder Bus 21 bis Királyhágó tér und dann Richtung Némétvölgyi út | **Öffnungszeiten** Bäckerei Mo–Fr 8–19 Uhr, Sa–So 8–17 Uhr, Café Mo–Fr 8–19 Uhr, Sa–So 9–18 Uhr | **Tipp** In der Nähe befindet sich der Friedhof Farkasréti temető, auf dem unter anderem Béla Bartók und Zoltán Kodály ihre Ruhestätten haben.

101 — Die Villenkolonie
Bauhaus pur

Das Stadtbild von Budapest ist geprägt von monumentalen Gebäuden des 18. und 19. Jahrhunderts. Anfang des 20. Jahrhunderts entstand daneben eine ganze Reihe moderner Bauten im Stil der Bauhausarchitektur. Klare Formen, strenge Linien, schlichte Fassaden – entsprechend der Maxime »Form follows function« wurden neue Häuser und Wohnblocks konzipiert. Rund 25 Ungarn wie Marcel Breuer oder László Moholy-Nagy gehörten dieser Schule an. Aber auch Lajos Kozma, József Fischer, Alfréd Hajós und einige andere hinterließen in Budapest ihre Spuren. Sie zählten zur Avantgarde der damaligen Architektur und setzten sich ein Denkmal in einer Straße, die die berühmte Weißenhofsiedlung in Stuttgart zum Vorbild hatte. 1931 reichten sie ihre Pläne dafür ein, und bereits ein Jahr später wurde mit dem Bau begonnen. In der Budaer Napraforgó utca entstand eine Mustersiedlung des Bauhauses. Zu dieser gehören 22 Villen, deren Form und Charakter bis heute erhalten sind.

Den Architekten war nicht nur das unkomplizierte Design wichtig, auch das Wohlbefinden der Menschen wurde in ihre Planung mit einbezogen. Helle, freundliche Wohnungen und Häuser sollten es werden. Und das war Anfang des 20. Jahrhunderts auch in Budapest dringend nötig, denn die Bevölkerung wuchs rasant.

In der Napraforgó utca sind wie in einem Museumsdorf verschiedene Beispiele des Stils zu besichtigen. Allerdings nur von außen, denn die Gebäude sind bewohnt, aber zumeist in sehr gutem Zustand erhalten. Ab und an taucht eine Verzierung an der Fassade auf, doch mit den vorherigen Stilen hat das nichts mehr zu tun. Stattdessen Fenster, die um die Häuserecke herumgehen, Flachdächer, bunte Anstriche als Farbakzente, aber auch strenge Klinkerfassaden. In der Mitte der Straße befindet sich ein kleiner Platz mit einem Gedenkstein, auf dem die Namen der seinerzeit beteiligten Architekten verewigt wurden.

Adresse Napraforgó utca, II. Bezirk, 1021 Budapest | **ÖPNV** Straßenbahn 61 bis Zuhatag sor (Napraforgó utca liegt direkt daneben) oder mit Bus 5 bis Hüvösvölgy út und dann circa 500 Meter zu Fuß | **Tipp** Am Stadtrand von Budapest, im XII. Bezirk, liegt in der Nähe des Apor Vilmos tér die preisgekrönte Bauhaus-Villa des Architekten Farkas Molnar. Das Haus ist von der Leitö utca durch eine schmale Passage zu sehen (ausführliche Infos zur Villa unter www.molnarfarkas-bauhausvilla.com).

102 — Die Vintage-Galéria
Eine kleine, feine Fotogalerie

Über dem schönen großen Schaufenster ist noch die alte Schrift des Geschäfts zu lesen, das sich früher an ebendieser Stelle befand: »Moser und Molnar« steht dort geschrieben, hier wurde damals Parfüm hergestellt. Seit 1996 ist hier auf gerade einmal 25 Quadratmetern die Vintage-Galéria zu Hause. Gegründet wurde sie von dem jungen Ungarn Attila Pőcze. Er hat es sich zur Aufgabe gemacht, das hohe Niveau der ungarischen Fotografie im In- und Ausland bekannt zu machen.

Große Namen wie Robert Capa, der als Endre Ernő Friedmann in Budapest geboren wurde, oder Brassaï, der ursprünglich Gyula Halász hieß und aus Brassó (heute Brașov, Rumänien) stammte, sind wohl den meisten Besuchern geläufig. Nicht zu vergessen Martin Munkácsi oder André Kertesz, deren Fotos viele andere Künstler beeinflussten. Aber auch die 70er oder 80er Jahre und die zeitgenössische Fotografie finden hier ihren Raum. Und so kann man in der Galerie auf Gegenwart und Vergangenheit der ungarischen Fotokunst stoßen. An die sieben Ausstellungen werden hier jedes Jahr organisiert und dazu schöne Kataloge herausgegeben. Attila Pőcze hat früher am Mai Manó Ház in Budapest und im Fotomuseum von Kecskemét gearbeitet. Seine Vintage-Galeria ist seit 1999 als eine der wenigen Galerien des ehemaligen Ostblocks auf der »Paris Photo« vertreten. So mag es auch niemanden verwundern, dass ein großer Teil der von ihm ausgestellten Fotografien von Liebhabern aus dem Ausland gekauft wird.

In der Galerie selbst stehen lediglich ein schlichter alter Schreibtisch nebst Stuhl und ein Regal, in dem Exemplare der schönen Kataloge ausgestellt sind, die über die Jahre hinweg entstanden. Hier konzentriert man sich auf das Wesentliche. Zudem ist die Vintage-Galéria an einem besonders hübschen Platz im Herzen von Pest zu finden. Am Károlyi kert herrscht immer eine angenehme und friedliche Atmosphäre.

Adresse Magyar utca 26, V. Bezirk, 1053 Budapest, Tel. +36/1/3370584, galeria@vintage.hu | **ÖPNV** Metro 2 bis Astoria, von dort aus zu Fuß circa fünf Minuten | **Öffnungszeiten** Di – Fr 14 – 18 Uhr | **Tipp** Direkt am Károlyi kert, an der Ecke zur Magyar und Ferenczy István utca gelegen, öffnet während der warmen Jahreszeit eine hübsche Café-Terrasse.

103 Der Wal an der Donau
Behäbig und entspannt

Gleich hinter der großen Markthalle erhebt er sich. Steht man direkt vorm Gebäude, erkennt man gar nicht so leicht, worum es sich bei diesem eleganten Monstrum handeln soll. Von der Mitte der Freiheitsbrücke oder von der Budaer Seite aus erhält man einen weit besseren Eindruck vom »Wal«. Dann schmiegen sich die Formen dieser Konstruktion aus viel Glas und Metall fließend zwischen die beiden denkmalgeschützten Lagerhäuser. Diese wurden vom niederländischen Architekten Kas Oosterhuis geschickt in seine Planung einbezogen.

Der eigentlichen Bestimmung nach handelt es sich beim »Wal« um ein modernes Einkaufszentrum. Zu einem Handels-, Kultur- und Unterhaltungszentrum sollte er werden. Im Oktober 2013 wurde das Gebäude unter seinem offiziellen Namen »CET«, der Abkürzung für »Central European Time«, eingeweiht. Schnell tauften die Budapester es in »Bálna«, dem ungarischen Wort für »Wal«, um.

Die wenigen Geschäfte und eine Galerie, die das Gebäude in den letzten Jahren beherbergte, zogen nach und nach wieder aus. Nur ein kleiner Design-Laden gleich vorne am Eingang hält noch tapfer die Stellung. Ansonsten sieht es hier drinnen ziemlich traurig aus. Warum das Konzept nicht aufgeht, ist für Außenstehende schwer ersichtlich. Nun soll ein neuer Eigentümer frischen Schwung in den Gebäudekomplex bringen.

Sucht man allerdings eines der Lokale auf, die sich zur Donauseite hin erfolgreich etabliert haben, zeigt sich der Wal von äußerst lebhafter Seite. Große Außenterrassen laden hier ein, sich niederzulassen. Bei »Jonas Craft Beer« gibt es eine enorme Auswahl an hausgebrauten Biersorten und Burgern. Etwas weiter hinten befindet sich seit Kurzem ein Eisstand, der ausdrücklich alkoholische Sorten anbietet. Ist das Wetter schön, wird es hier draußen schnell voll. Dann ist der Wal ein wunderbarer Ort, um den Sonnenuntergang nah an der schönen Donau zu genießen.

Adresse Bálna Budapest, Fővám tér 11–12, IX. Bezirk, 1093 Budapest, info@balnabudapest.hu | **ÖPNV** Straßenbahn 47 und 49 bis Fővám tér oder Straßenbahn 2 bis Zsil utca | **Öffnungszeiten** Mo–Fr 10–20 Uhr, Sa und So 10–22 Uhr | **Tipp** Auf jeden Fall in die erste Etage fahren und den Ausblick auf Stadt und Brücken genießen. Oder die Dimensionen des Wales auf einer Donauschifffahrt bewundern.

104 Das Walkó-Haus
Eine Fassade mit Pflanzen und Tieren

Das Erscheinungsbild des einstmals vornehmen Lipótváros (Leopoldstadt) genannten V. Bezirks, und somit auch das der Aulich utca, wurde um 1900 geprägt. In der Nachbarschaft entstand die Postsparkasse von Ödön Lechner, und 1903 wurde in der Honvéd utca 3 das Bedő-Haus gebaut, ebenfalls eine Perle des ungarischen Jugendstils. Es war eine reiche Gegend mit jüdischem Einfluss, und so entstand hier auch eine ganze Reihe von Häusern nach den Plänen jüdischer Architekten.

Das Walkó-Haus wurde 1901 als Einfamilienhaus für den gleichnamigen Politiker und seine Familie gebaut. Es besaß ursprünglich acht Räume. Auffallend ist das schöne Kachelbild oberhalb des leicht vorspringenden Mittelrisalits der Fassade: eine Frauengestalt, die mit der rechten Hand nach den roten Früchten der Bäumchen, die sie umgeben, greift. Das Rot der Früchte und des Kleides soll früher einmal kräftiger und leuchtender gewesen sein. Zumindest hat endlich eine Restaurierung stattgefunden. Kachelbild und Fassadenschmuck sind Werke von Geza Maróti, der auch die Reliefs am Hotel Gresham-Palace an der Kettenbrücke schuf. Betrachtet man die Fassade ein wenig länger, fallen einem nach und nach viele verschiedene Tiere auf, die sich zwischen Blättern und Ranken verstecken. Da gibt es Eichhörnchen, Eidechsen und Eulenköpfe. Zu beiden Seiten des Portals stehen Frösche Wache, die Mäuler leicht geöffnet, um vielleicht die Insekten, die etwas oberhalb zu sehen sind, zu verschlingen. Und unter den Balkonen prangen schlanke Wasservögel. Außerdem gibt es Schlangen, Pfauen und Bienen. Und auch die Pflanzenornamente sind wunderschön herausgearbeitet.

Das Gebäude wurde während des Zweiten Weltkriegs schwer beschädigt und war lange Jahre sehr verfallen. Heute ist das Walkó-Haus von außen und innen restauriert und wieder ein »richtiger Hingucker« in einer ebenso beeindruckenden Umgebung.

Adresse Aulich utca 3, V. Bezirk, 1054 Budapest | **ÖPNV** Metro 2 bis Kossuth Lajos tér oder Metro 3 bis Arany János utca | **Tipp** Um die Ecke der Aulich utca befindet sich eine weitere Markthalle. Im zweiten Stockwerk gibt es an zahlreichen Ständen deftiges Essen, das man in authentischer Atmosphäre kosten kann.

105 Die Wallenberg-Statue
Der Menschenretter

Ein Denkmal für den schwedischen Diplomaten Raoul Wallenberg liegt in Buda: An einer nicht ganz leicht zu findenden Stelle befindet sich die Statue, die daran erinnern soll, was er für viele Juden in Budapest tat. Bis 1944 lebten in der Stadt noch 200.000 jüdische Ungarn. Während im restlichen Land bereits viele von ihnen nach Auschwitz deportiert wurden, retteten hier eine Handvoll ausländischer Diplomaten Zehntausende. Einer dieser Retter war Raoul Wallenberg. Der Schwede stammte aus einer wohlhabenden Bankiersfamilie und kam mit gerade mal 32 Jahren auf Wunsch der amerikanischen und schwedischen Regierung in die Stadt.

Wallenberg war erschüttert, als er von den Gettos und Deportationen erfuhr, und half fortan, indem er Schutzpässe ausstellte. Jede Familie, die eine Verbindung nach Schweden nachweisen konnte – und sei es nur durch Abschreiben einer Adresse aus dem Telefonbuch –, bekam von ihm den Pass. Mit diesen Pässen wurden sie in mehr als 30 Schutzhäusern untergebracht, die Wallenberg als »Schwedische Bibliothek« oder »Schwedisches Forschungsinstitut« tarnte. Die Juden wurden hier bestmöglich versorgt und konnten so vor dem Tod gerettet werden. Was aus Raoul Wallenberg selber wurde, konnte bis heute nicht eindeutig geklärt werden. Nach der Befreiung Budapests Anfang 1945 soll er von der Roten Armee verschleppt und in einem sowjetischen Lager gestorben sein.

Das Denkmal steht auf einem Grünstreifen auf der Szilágyi Erzsébet fasor, Höhe Nagyajtai utca. Es ist eine Gegend mit vielen Einfamilienhäusern. Nicht weit von Wallenberg entfernt wird dem ungarischen Nationalheld Gábor Áron gedacht. Weitere Mahnmale für Wallenberg finden sich auf dem Gelände der Großen Synagoge und im Szent-István-Park, Gedenktafeln sind an der Stelle, wo sich früher die schwedische Botschaft befand, sowie an der Österreichischen Botschaft (Dohány utca, Benczúr utca) angebracht. Sie werden diesen großartigen Menschen hoffentlich immer in Erinnerung halten.

Adresse Szilágyi Erzsébet fasor, II. Bezirk, 1026 Budapest | **ÖPNV** Bus 155 oder 156 bis Rendelöintézet oder mit Bus 5 bis Vasas sportpálya oder mit Straßenbahn 61 bis Szent János Kórház | **Tipp** Für zwei Mitstreiter Wallenbergs gibt es ebenfalls Gedenkorte: für den Schweizer Carl Lutz an der US-Botschaft, in der Dob utca und im Glashaus in der Vadász utca 29. Für den ehemaligen apostolischen Nuntius Angelo Rotta vor seiner Residenz am Dísz tér 4–5 im Burgviertel.

106 Der WAMP-Markt
Design für alle

Auf dem Markt namens Wasárnapi Müvész Piac gibt es viel zu entdecken – die Palette reicht von ausgefallenem, modernem, handgefertigtem Design bis hin zu recht normalen Handarbeiten für jedermann. Es hat sich herumgesprochen, dass hier vor allem besondere Dinge angeboten werden. So zum Beispiel die wunderschönen und filigranen Töpferarbeiten von Judit Lantos. Sie ist regelmäßig auf dem Markt, betreibt aber auch ihren eigenen Laden im malerischen Künstlerort Szentendre, der vor den Toren Budapests direkt an der Donau liegt. Ihre feine Keramik ist zudem in ausgewählten Designläden (wie etwa Mono) zu finden.

Witzig und vermutlich einzigartig sind die Badekappen am Stand von CanCan. Diese Vielfalt ist kein Zufall, denn in Ungarn wird von jeher ausgiebig gebadet, Wasserball gespielt und geschwommen. Munter baumeln die hauchfeinen Kopfbedeckungen vom Sonnenschirm herunter – fast wie ein Mobile im Wind. Die Auswahl an Aufdrucken ist ebenso groß wie individuell. Sie reicht von verschiedenen Vornamen, über Motive wie Straßenszenen bis hin zu Kussmündern.

Es ist ein kleiner Markt am Erzsébet tér, gleich neben dem früheren Busterminal. Die Idee dazu stammt von drei Freundinnen, die von Fashion-Shows in London begeistert waren. Innerhalb kürzester Zeit stellten sie den ersten Markt auf die Beine und tauften ihn WAMP: Wasárnapi Müvész Piac, wörtlich: sonntäglicher Kunstmarkt. Folglich wird dieser sonntags abgehalten. Und zwar einmal im Monat, im Sommer draußen, im Winter im Gödör Club. Wer mitmacht, entscheiden die Gründerinnen in einem Auswahlverfahren. Einige Teilnehmer haben sogar schon im Museum für Angewandte Kunst ausgestellt.

Wer sich also für spezielle und moderne Handarbeiten interessiert, sollte auf diesem Markt unbedingt vorbeischauen. Die Besucher können sicher sein, hier einzigartige Designstücke zu erwerben.

Adresse im Sommer auf dem Erzsébet tér, V. Bezirk, 1051 Budapest, im Winter im Gödör Club am Erzsébet tér, www.wamp.hu | **ÖPNV** Metro 1, 2 und 3 oder Bus 16, 916, 990 bis Deák Ferenc tér oder Bus 15 und 115 bis Erzsébet tér | **Öffnungszeiten** jeden Monat einmal So 11–19 Uhr, meistens Anfang des Monats, Termine stehen im Internet! | **Tipp** Ein sehr schöner Laden mit neuem ungarischen Design und kleinen Kunstgegenständen nennt sich »Magma«. Es gibt zwei Standorte: Petőfi Sándor utca 11 und Ùri utca 26-28, www.magma.hu.

107 __ Das Wandbild
Graffiti können eine Stadt verschönern!

Auf einem Spaziergang durch das ehemalige jüdische Viertel im VII. Bezirk sind sie nicht zu übersehen: die riesigen Gemälde, die meist dort entstanden, wo Baulücken große Wandflächen frei ließen. In vielen Fällen tragen sie hier heute eindeutig zur Verschönerung des Stadtbildes bei. Wo sonst eine trostlose, dem Verfall preisgegebene Mauer stehen würde, finden sich vielfarbige, riesige Bilderwände, die häufig auch eine Botschaft transportieren. Viele Wandbilder entstanden von August bis September 2014 während des ersten »Színes Város Festivals«, dem bunten Stadtfestival. Mehr als 2.000 Liter Farbe sollen bei dieser Aktion verbraucht worden sein. Herausgekommen ist dabei eine ganze Reihe von tollen, bunt bemalten Häuserwänden, die noch lange zu sehen sein werden. Zum Teil wurden die Mauern vorab extra mit einer speziellen Methode neu isoliert und sind so für die nächsten 20 bis 30 Jahre vor dem Verfall geschützt – sofern sie nicht verschwinden, weil ein neues Gebäude entsteht … Die Aktion wurde auch von der Budapester Stadtverwaltung unterstützt.

Ein eindrucksvolles Wandbild befindet sich in der Akácfa utca. Auf 80 Quadratmetern sind hier drei riesige Schwalben zu sehen, die für den Künstler Frieden und Stille symbolisieren. Mit ihren vielen bunten Farben ist der Kontrast zu den grauen Häuserwänden ringsumher umso stärker. Das Graffiti heißt »Ruhe oder Toben« und erhielt den Publikumspreis.

Der offizielle Preis dagegen ging an das Bild »Provinz oder Großstadt« von Richárd Orosz in der Kertész utca. Am kleinen Spielplatz in der Kazinczy utca sind gleich zwei Wände zu bewundern. Ein Ballon, der durch einen schönen blauen Himmel gleitet, und ein Stadtplan des jüdischen Viertels.

In der Rumbach Sebestyén ucta wird an das Fußballspiel des »goldenen Teams« mit Ferenc Puskás vor mehr als 60 Jahren erinnert. Es gibt viel zu entdecken!

Adresse Akácfa utca 27, VII. Bezirk, 1075 Budapest, auf dem Spielplatz an der Ecke Király und Kazinczy utca 45, Kertész utca 27, Rumbach Sebestyén utca 18 oder Dob utca 36. Es gibt aber noch eine ganze Reihe mehr! | **Tipp** Die schöne Kuppel in der Synagoge in der Rumbach Sebestyén utca sollte man besichtigen (März–Nov. Mo–Do und So 10–17.30 Uhr, Fr 10–14.30 Uhr; Nov.–Feb. Mo–Do 10–15.30 Uhr, Fr 10–13.30 und So 10–14.30 Uhr geöffnet).

108 Die weiße Halle
Strahlender geht es kaum

Was ist das Eindrucksvollste am Kunstgewerbemuseum? Das Dach, der Eingang, das Foyer? Das ist nicht leicht zu beantworten. Zweifelsohne ist den ungarischen Architekten Ödon Lechner und Gyula Pártos mit diesem Gebäude etwas ganz Großartiges gelungen. Eröffnet wurde es 1896 durch Kaiser Franz Joseph persönlich im Rahmen der Feierlichkeiten zur Jahrhundertwende.

Schon von Weitem beeindruckt das imposante Jugendstilgebäude mit seinen schillernden Dachmosaiken. Hat man dann den wunderschönen, vielfarbig gekachelten Eingang hinter sich gelassen, steht man im kompromisslosen Weiß der Kassenhalle, deren Galerie sich über mehrere Etagen großzügig bis zur Decke emporwindet. Die Krönung des Ganzen ist jedoch der zentrale Innenhof des Museums: die weiße Halle. Diese ist wegen ihrer Ausmaße, vor allem ihrer Höhe und Helligkeit, ihren Fenstern, Bögen und Geländern, sowie nicht zuletzt dank ihrer Deckenkonstruktion aus Stahlträgern einfach spektakulär. Aus der in Weiß erstrahlenden Mischung maurischer und indischer Formen, kombiniert mit venezianischen und ungarischen Stilelementen, ergibt sich eine märchenhafte Kulisse. An diesem Ort wurde die Fechtszene mit Ralph Fiennes für »Ein Hauch von Sonnenschein« gedreht. Doch auch einen Basar könnte man sich hier vorstellen, einen Harem oder andere Szenen aus 1001 Nacht.

Mit dem Bau des Kunstgewerbemuseums setzte Ödon Lechner in Budapest neue architektonische Maßstäbe, die er selbst lange aufrechterhielt. Er war der Meister des ungarischen Jugendstils. Das Museum zählt neben der berühmten Postsparkasse und dem heutigen Geologischen Museum zu seinen bedeutendsten Bauten. 2014 war hier eine Ausstellung über den Architekten zu sehen – mit Plänen, Dekorationsbeispielen und großen Fotos seiner farbenprächtigen Bauwerke. Derzeit wird das gesamte Gebäude saniert, damit es bald in altem Glanz erstrahlt.

Adresse Kunstgewerbemuseum »Iparmüvészeti Múzeum«, Üllöi út 33 – 37, VIII. Bezirk, 1090 Budapest, Tel. +36/1/4565107, www.imm.hu | **ÖPNV** Metro 3 oder Straßenbahn 4 und 6 bis Corvin-negyed | **Öffnungszeiten** Di – So 10 – 18 Uhr | **Tipp** Nicht weit von hier befindet sich der Bakáts tér, ein schöner Platz, in dessen Mitte sich eine von Myklós Ybl erbaute Kirche befindet.

109 Die Wekerle-Siedlung
Eine Gartenstadt mit dörflichem Charakter

Die Gebäude der Wekerle-Siedlung entstanden in den Jahren zwischen 1909 und 1926. Veranlasst wurde der Bau dieser Wohnsiedlung für Arbeiter und kleine Beamte vom Premierminister Sándor Wekerle, nach dem sie dann auch benannt wurde. Die Pläne stammten von einer jungen Architektengruppe, einige davon ehemalige Schüler von Ödön Lechner. Angelegt wurde die Anlage wie ein unabhängiges Dorf, der Stil orientierte sich an der Bauweise Siebenbürgens, das damals noch zu Ungarn gehörte. Interessant ist der Grundriss der Siedlung. Vom zentralen quadratischen Platz aus, dem Károly Kós tér, verlaufen die Straßen wie ein Spinnennetz um ihn herum. Architekt Károly Kós entwarf das Zentrum der Siedlung. Eine Statue auf dem Platz erinnert an ihn. Er verbrachte den Großteil seines Lebens in Siebenbürgen, weil er meinte, seine Kenntnisse seien dort mehr vonnöten als in der ungarischen Hauptstadt.

Um Ideen zu sammeln, besuchte die junge Architektengruppe, der Károly Kós angehörte, ländliche Regionen und ließ sich dort inspirieren. 1909 wurde mit den Bauarbeiten begonnen, und im Laufe der Jahre entstanden insgesamt mehr als 900 Gebäude. In den Kernteil der Siedlung gelangt man durch Tore. So wirkt es, als beträte man ein in sich geschlossenes Dorf, und so war es damals auch beabsichtigt. Durch die Siedlung verlaufen breite Straßen und Alleen. Damit zählte sie zu einer der ersten verwirklichten Gartenstädte. Im Zentrum befinden sich große Gebäude für viele Mieter, außerhalb davon eine ganze Reihe von Einfamilienhäusern.

In der Wekerle-Siedlung gibt es heute noch Schulen, eine katholische Kirche und ein Polizeirevier. Kleine Türmchen, Spitzbögen über Türen und Fenstern. Balkone, schöne Giebel und spitze Gauben, vieles aus dunklem Holz gearbeitet, das alles gibt dem Viertel einen ganz eigenen Charme. Heute gilt es als gute und sichere Wohngegend.

Adresse Kós Károly tér, XIX. Bezirk, 1192 Budapest | **ÖPNV** Metro 3 bis zur Station Határ út, von da aus mit Bus 194 weiterfahren | **Tipp** An der Ecseri út gibt es jeden Tag einen großen Flohmarkt (Mo – Fr 8 – 16 Uhr, Sa und So 8 – 15 Uhr). Ab Metrostation Ecseri út mit den Buslinien 84 E, 294 E und 194 bis Nagykőrösi út erreichbar.

110 Das Wohnhaus
… eines berühmten Glasmalers

Miksa Róth (1865–1944) war ein bedeutender ungarischer Glasmaler und galt als Wegbereiter einer neuen Mosaikkunst. Er lebte mit seiner Frau Jozefa Walla und den Kindern Elizabeth, Amalia und Joseph in einem dreistöckigen Gebäude, von dem heute einige Räume zu besichtigen sind. Das Museum zeigt die Original-Möbel der Familie, aber auch Glasmalereien des Künstlers. Elizabeth, die jüngere der beiden Töchter, lebte bis zu ihrem Tode im Alter von 99 Jahren in diesem Haus. Sie wollte alle Dinge, die an ihren Vater und sein Werk erinnerten, in einem Museum bewahren und ließ nicht locker, bis die Stadt sich damit einverstanden erklärte und 1999 die Eröffnung stattfand.

Das Museum gibt einen perfekten Einblick in die Zeit der Jahrhundertwende: Ein alter Kachelofen (der alle Räume beheizte), Leuchter (die früher mit Gas betrieben wurden), Möbel, Waschbecken, Familienfotografien, persönliche Gegenstände und andere Details vermitteln ein Gefühl für diese Familie und Epoche.

1911 hatte Miksa Róth das Gebäude gekauft. Anfangs gab es im dritten Stock noch eine Glasmalerei- und Mosaikwerkstatt, wo der Künstler mit Kollegen arbeitete. Heute befinden sich darin Büros und ein Lager- und Restaurierungsraum. In der ersten und zweiten Etage lebte die Familie einige Jahre. Im Erdgeschoss ist ein wunderschöner komplett mit Mosaiken versehener Kamin zu sehen. Hier befanden sich Wohnräume und Bibliothek, darüber lagen die Schlafräume und die Küche. Nach dem Krieg musste sich die Familie mit zwei Räumen im ersten Geschoss zufrieden geben. Dennoch sind viele ihrer Möbel wie Schränke, Tische, Stühle, Betten oder Kommoden erhalten. Doch auch die Kunst Miksa Róths ist in einigen Räumen zu sehen: Bunte Glasmalereien, Mosaike, Heiligen- und Kirchenbilder oder auch ein Porträt von dem Künstler und seiner Gattin. Wenn man Glück hat, ist man hier ganz alleine und erfährt bei einer Führung interessante Details.

Adresse Róth Miksa Emlékház, Kerület Nefelejcs utca 26, VII. Bezirk, 1078 Budapest, Tel. +36/1/3416789, www.rothmuzeum.hu | **ÖPNV** wenige Blocks vom Bahnhof Keleti, der mit U-Bahn 2 und 4 und vielen Bussen zu erreichen ist | **Öffnungszeiten** täglich außer Mo 14–18 Uhr | **Tipp** Ein anderes Museum beschäftigt sich mit der Geschichte der Familie Goldberger und der Textilindustrie: von der Blaudruckerei bis zur Massenproduktion. Die Goldberger-Textilsammlung ist seit 2013 eine eigenständige Dauerausstellung im Obuda-Museum in der Lajos utca 136–138. Weitere Infos unter http://www.textilmuzeum.hu.

111 Das Zwack-Museum
Eine Familiengeschichte

Zwack »Unicum« kennt in Ungarn jeder. Der Magenbitter gehört zu den langjährigen Spezialitäten des Landes. Und jedermann weiß sofort, um welche braune Flüssigkeit es sich handelt, die typischerweise aus einer bauchigen dunkelgrünen Glaslasche, etikettiert mit einem markanten weißen Kreuz auf rotem Kreis, eingeschenkt wird. Unicum sieht nach Medizin aus, und das ist mit Sicherheit auch so gewollt. Der Magenbitter, der an den deutschen Underberg erinnert, wurde erstmals von einem Arzt gebraut. Hofarzt Dr. Zwack mixte im Jahr 1790 aus Wurzeln und Kräutern einen Schnaps zur besseren Verdauung. Dieser enthält 40 verschiedene Ingredienzien, 40 Prozent Alkohol fördern zusätzlich die Wirkung. »Das ist ein Unicum«, soll Kaiser Joseph II. voller Begeisterung beim Probieren ausgerufen haben, und somit habe der Name des Kräuterlikörs festgestanden.

Bis heute wird der Magenbitter von der Familie Zwack produziert, die das gleichnamige Unternehmen 1840 gründete. Mit dem Namen Zwack Unicum verbindet sich also auch heute noch nicht nur eine Destillerie, sondern die Geschichte einer ungarischen Familie mit all ihren Höhen und Tiefen: die Zerstörung der Firma im Zweiten Weltkrieg, Vertreibung und Flucht in die USA aufgrund jüdischer Wurzeln. Dort der Aufbau eines neuen Lebens. Nach dem Zerfall des Ostblockes endlich die Rückgabe des Unternehmens an die Eigentümer. Péter Zwack hatte viel davon miterlebt und verstarb 2012. Kurz zuvor hatte er die Firma wieder übernommen und rechtzeitig an seine beiden Kinder übergeben. Das Rezept für den Unicum ist bis heute streng gehütetes Familiengeheimnis.

Im Zwack-Museum wird die Geschichte eines Getränkes und einer Familie anschaulich dokumentiert. Im Lager mit den vielen Fässern des Magenbitters darf auch probiert werden. Das Museum liegt ein wenig außerhalb des Zentrums und bietet somit eine interessante Abwechslung. Eben ein Unicum!

Adresse Soroksári út 26 (Eingang auf der Dandár utca), IX. Bezirk, 1095 Budapest, www.zwack.hu | **ÖPNV** Straßenbahn 2 bis Haller utca | **Öffnungszeiten** Mo–Sa 10–17 Uhr, Laden: Mo–Fr 9–18 Uhr, Samstag 10–18 Uhr | **Tipp** Ähnlich bekannt wie der Unicum ist der hochprozentige Pálinka, ein Schnaps, der aus verschiedenen Obstsorten (klassischerweise Aprikosen und Zwetschgen) hergestellt wird. Jedes Jahr im Mai findet am Városháza-Park (Station Deak ferenc tér) ein Pálinka-Festival statt.

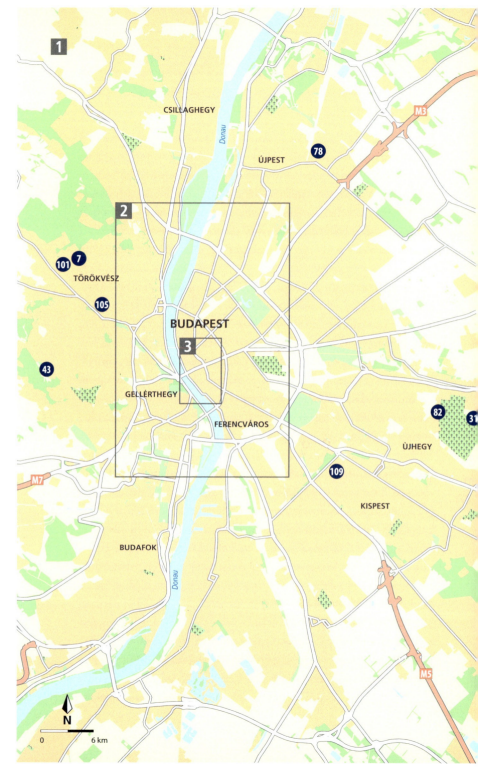

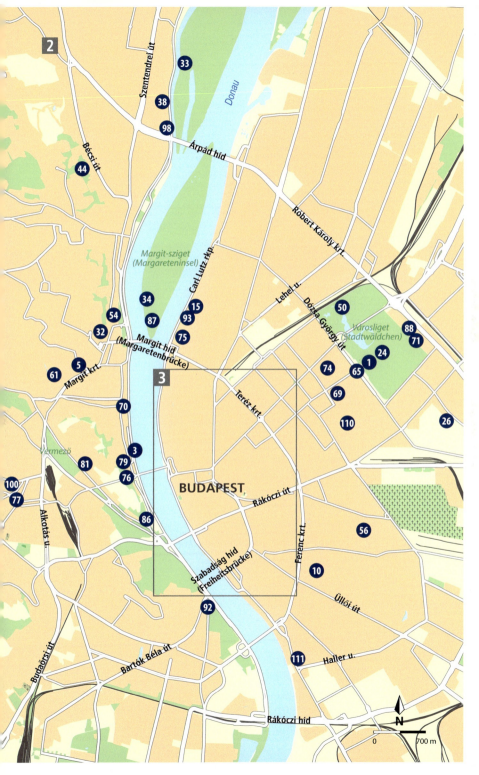

Dorothee Fleischmann,
Carolina Kalvelage
111 Orte an der Costa Brava, die man gesehen haben muss
ISBN 978-3-95451-561-5

Dorothee Fleischmann,
Carolina Kalvelage
111 Orte im Weserbergland, die man gesehen haben muss
ISBN 978-3-7408-0341-4

Dorothee Fleischmann
111 Orte im Taunus, die man gesehen haben muss
ISBN 978-3-7408-0727-6

Ranka Keser
111 Orte in Kroatien, die man gesehen haben muss
ISBN 978-3-7408-0557-9

Julia Csabai,
Daliani Georgieva Georgieva
111 Orte in Sofia, die man gesehen haben muss
ISBN 978-3-7408-0862-4

Matěj Černý, Marie Peřinová
111 Orte in Prag, die man gesehen haben muss
ISBN 978-3-95451-927-9

Karl Haimel, Peter Eickhoff
111 Orte in Wien, die man gesehen haben muss
ISBN 978-3-89705-969-6

Lucia Jay von Seldeneck,
Verena Eidel, Carolin Huder
111 Orte in Berlin, die man gesehen haben muss
ISBN 978-3-89705-853-8

Sybil Canac, Renée Grimaud,
Katia Thomas
111 Orte in Paris, die man gesehen haben muss
ISBN 978-3-95451-847-0

Dirk Engelhardt
111 Orte in Barcelona, die man gesehen haben muss
ISBN 978-3-95451-066-5

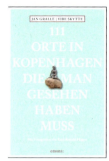

Jan Gralle, Vibe Skytte, Kurt Rodahl Hoppe
111 Orte in Kopenhagen, die man gesehen haben muss
ISBN 978-3-7408-0243-1

Kay Walter, Rüdiger Liedtke
111 Orte in Brüssel, die man gesehen haben muss
ISBN 978-3-7408-0128-1

Cornelia Lohs
111 Orte in Bern, die man gesehen haben muss
ISBN 978-3-95451-669-8

Joscha Remus
111 Orte in Luxemburg (Stadt), die man gesehen haben muss
ISBN 978-3-7408-0363-6

Thomas Fuchs
111 Orte in Amsterdam, die man gesehen haben muss
ISBN 978-3-95451-209-6

John Sykes, Birgit Weber
111 Orte in London, die man gesehen haben muss
ISBN 978-3-95451-117-4

Frank McNally, Róisín McNally
111 Orte in Dublin, die man gesehen haben muss
ISBN 978-3-95451-853-1

Gillian Tait
111 Orte in Edinburgh, die man gesehen haben muss
ISBN 978-3-7408-0476-3

Alexia Amvrazi,
Diana Farr Louis, Diane Shugart,
Yannis Varouhakis
111 Orte in Athen, die man gesehen haben muss
ISBN 978-3-7408-0560-9

Tarja Prüss, Juha Metso
111 Orte in Helsinki, die man gesehen haben muss
ISBN 978-3-7408-0342-1

Christiane Bröcker,
Babette Schröder
111 Orte in Stockholm, die man gesehen haben muss
ISBN 978-3-95451-203-4

Halûk Uluhan, Marcus X. Schmid
111 Orte in Istanbul, die man gesehen haben muss
ISBN 978-3-95451-333-8

Kathleen Becker
111 Orte in Lissabon, die man gesehen haben muss
ISBN 978-3-7408-0244-8

Fabrizio Ardito
111 Orte auf Malta, die man gesehen haben muss
ISBN 978-3-7408-0356-8

Annett Klingner
111 Orte in Rom, die man gesehen haben muss
ISBN 978-3-95451-219-5

Giulia Castelli Gattinara,
Mario Verin
111 Orte in Mailand, die man gesehen haben muss
ISBN 978-3-95451-617-9

Natalino Russo
111 Orte in Neapel, die man gesehen haben muss
ISBN 978-3-7408-0478-7

Rolando Grumt Suárez
111 Orte in Hallstatt, die man gesehen haben muss
ISBN 978-3-7408-0858-7

Susanne Gurschler
111 Orte in Osttirol, die man gesehen haben muss
ISBN 978-3-7408-0847-1

Sabine M. Gruber
111 Orte im Wienerwald, die man gesehen haben muss
ISBN 978-3-7408-0844-0

Günther Pfeifer,
Gerhard Hohlstein,
Franziska Wohlmann-Pfeifer
111 Orte im Weinviertel, die man gesehen haben muss
ISBN 978-3-7408-0843-3

Sophie Reyer,
Johanna Uhrmann
111 Wiener Orte und ihre Legenden
ISBN 978-3-7408-0674-3

Monika Schmitz
111 Orte im Lungau, die man gesehen haben muss
ISBN 978-3-7408-0573-9

Kristof Halasz
111 Orte in Vorarlberg, die man gesehen haben muss
ISBN 978-3-7408-0568-5

Erwin Uhrmann,
Johanna Uhrmann
111 Orte in der Wachau, die man gesehen haben muss
ISBN 978-3-7408-0565-4

Robert Preis, Niki Schreinlechner
111 schaurige Orte in der Steiermark, die man gesehen haben muss
ISBN 978-3-7408-0445-9

Susanne Gurschler
111 Orte in Innsbruck, die man gesehen haben muss
ISBN 978-3-7408-0343-8

Erwin Uhrmann,
Johanna Uhrmann
111 Orte im Waldviertel, die man gesehen haben muss
ISBN 978-3-7408-0346-9

Gerald Polzer, Stefan Spath,
Antonia Schulz
111 Orte in der Steiermark, die man gesehen haben muss
ISBN 978-3-7408-0140-3

Gerald Polzer, Stefan Spath
111 Orte in Graz, die man gesehen haben muss
ISBN 978-3-95451-466-3

Stefan Spath
111 Orte in Salzburg, die man gesehen haben muss
ISBN 978-3-95451-114-3

Susanne Gurschler
111 Orte in Tirol, die man gesehen haben muss
ISBN 978-3-95451-834-0

Lust auf mehr? Laden Sie sich die »LChoice«-App runter, scannen Sie den QR-Code und bestellen Sie weitere Bücher direkt in Ihrer Buchhandlung.

Die Autorinnen

Dorothee Fleischmann arbeitet als Autorin. Sie hat für Literaturbeilagen, Reiseportale und Reiseführer geschrieben, an diversen Buchprojekten mitgearbeitet, sie lektoriert und macht Pressearbeit. Mit ihrem Mann und ihren zwei Kindern lebt sie in Berlin.

Carolina Kalvelage hat lange Jahre als Mediengestalterin gearbeitet, bis es sie gemeinsam mit ihrer Partnerin in die Welt hinauszog. Nach mehrjährigen Aufenthalten in Budapest, Wien und Barcelona lebt sie inzwischen in Madrid und Bremen.